DAVID BOWIE / THE SECRET THINKER

デヴィッド・ボウイ
変容の思索者

高柳　俊彦

まえがき

　デヴィッド・ボウイは、1947年1月8日、イギリスに生まれた。

　彼は、ザ・ビートルズやローリング・ストーンズ、ピンク・フロイド等と並ぶ、ロック・ミュージック界の巨星である。

　惜しくも2016年に世を去ったが（享年69歳）、彼の残した巨大な功績は、今も光り輝いている。

　2022年は、生誕75周年を迎えた年ということもあって、今また、ボウイにスポットが当たっている。

　いや、亡くなってから今日に至るまで、ボウイの話題は、決して尽きることが無かった。

　その中で、ここ日本でも、ボウイ来日に勝るとも劣らない一大イベントがあった。

　それは、2017年のことである。

　2017年1月8日より、東京都品川区にある寺田倉庫G1ビルで始まった大回顧展『DAVID BOWIE is』は、4月9日、大盛況のうちに幕を閉じた。朝日新聞デジタルの発表によれば、三カ月間で約12万人もの人が訪れたという。最終日には3千人以上の人出があったため、中には、チケットを持っていても入場できなかった方もいたらしい。

　私は2月に行ったのだが、その時も、ひっきりなしに入って来る入場者の多さ

に驚いた。それも、老若男女、幅広く。ボウイとは、日本でもまだこんなに人気があったのかと、喜びと同時に困惑も覚えた。ボウイが世界的な人気を博した『レッツ・ダンス』のリリースは、1983年のことなのに。

　回顧展の開催に合わせて、たくさんの書籍、特集雑誌が刊行され、私はそのほとんどを手に入れた。また、それ以降も、沢山の出版物が出されている。本書が、それらとは異質な点は、ボウイが、最もボウイらしかった70年代という時代にボウイを語った岩谷宏氏の存在にスポットを当て、一人でも多くの人に、岩谷氏の文章を知らしめることを一番の目的に書かれた書物であるということだ（ボウイの死後出版された書物の中では、シンコーミュージックの『デヴィッド・ボウイ ジギー・スターダストの神話』と、リットーミュージック『デヴィッド・ボウイ 美しきアクター』を特にお薦めしておきたい。2冊とも、ボウイに対して、新しい発見を得ることができた書物だった。なお、著者は両方とも大久達朗氏）。

　私が岩谷氏の文章に初めて触れたのは、『ビートルズ●詩集』（新興楽譜出版社発行 1973年初版。1985年にも岩谷氏は『ビートルズ詩集』をシンコー・ミュージックから出しているが、この2冊のコンセプトは全く違う。1973年版が創訳なら、1985年版は、原詞に忠実に訳されている。ただし、「ヘルプ!」のタイトル訳が「孤独の自覚」になっていたりと、タイトルの訳し方に、心惹かれるものが多い）において、である。なお、「新興楽譜出版社」は、「シンコー・ミュージック」の旧社名。現在は、「シンコーミュージック・エンタテイメント」に変更されている。現社名は「シンコー」と「ミュージック」の間に「・」が無い。

　1976年、すなわちザ・ビートルズ来日10周年の年に、私はある書店の棚で本書を見つけたのだが、今にして思えば、本書に出会ったことが、すべての始まりだった（本書の中では、特に「ザ・ロング・アンド・ワインディング・ロード」と「イマジン」の訳詩に感銘を受けた。興味のある方は、ぜひネット古書店等で探してみて欲しい。「イマジン」の訳詩は、今も私を支えてくれている）。

　岩谷氏は、1972年に創刊されたロック雑誌『rockin'on』（以下、『RO』とする）の主要創刊メンバー4人のうちの一人（他は、渋谷陽一氏、松村雄策氏、橘川幸夫氏の3人。松村氏は、2022年3月12日に亡くなられた。ご冥福をお祈りしたい。

氏の死後、70年代に『RO』誌上で通信販売されたカセットテープ『ETER NOW イターナウ 今がすべて』がCD化されている。本CDのプロデューサーは、岩谷氏である。また、ライナーノーツには、岩谷氏の他、岩谷啓子氏、日下好明氏らも名前を連ねている）で、70年代、同誌を中心に、独自のロック論を発表していた。キング・クリムゾンやロキシー・ミュージック等に関する原稿も多かったが、ボウイが、氏の、あるいは当時の『RO』の精神的支柱とも呼べる存在だったことは間違いない（70年代の『RO』は、ボウイのファン・クラブ会報誌のような趣もあった）。

2016年に出版された『ロッキング・オンの時代』（橘川幸夫著 晶文社）には、次のような記述がある。

「3号は、僕にとってもインパクトのある号であった。表紙が真崎・守ということもあるし、岩谷宏がデビッド・ボウイに出会ったということも大きな事件であった」「岩谷宏の過激さが、デビッド・ボウイの登場によって、一段と加速がついた」（111ページより。本書では、「デヴィッド」ではなく、「デビッド」と表記されている。また、真崎・守氏とは、漫画家、真崎守氏のこと。当時は、姓と名前の間に「・」があった。私も真崎氏の作品は、夢中になって読んでいた時期がある。真崎氏の代表作は、『はみだし野郎の子守唄』『ジロがゆく』『キバの紋章』等、多数ある）

岩谷氏がボウイに出会ったことが大きな事件であったように、私が岩谷氏の文章を通じてロック（特に、ボウイ、ザ・ビートルズ、キング・クリムゾン）に出会ったことも、私にとっては大きな事件であった。

では、なぜ私は本書を書こうと思ったのか。以下にその理由を述べてみたい。

2017年6月16日に、発売40周年を記念して、「ビー・マイ・ワイフ」（1977年6月、シングル盤リリース）のアナログ・レコード（ピクチャー・ディスク仕様。図版には、同曲のプロモーション・ビデオの画像等が使われている）が発売されたのだが、私がボウイを聴くきっかけになったのが、正に、この曲について、岩谷氏が書いた文章だったのである。

岩谷氏の文章を引用しよう。

「『ファン』が『ファン』でしかないかぎり、あるいは『読者』が『読者』でしかないかぎり、それらは究極的には私にとって要らない人達であり、またその人達にとっても私という人間は、究極的には要らない、どうでもいい人間である。だから、要らない人間であってほしくはないのでBe My Wifeと言う。無責任な『客』でなどあってくれるな。私を解り、私と共に生き、私と共に行動しつづけてくれる人であってくれ。そんな人でなければ、たとえ世界中何十万人のファンであろうとも私は要らない、と」（『RO』No.27-1977年4月号所収「共に生きること（共生）への願い」より、48ページ）

この文章を初めて読んだときどれほど心を動かされたか、私は未だ上手く表現する言葉を見つけられないでいる。とにかく確かなのは、この文章に触れてしまったため、今なお私は、ボウイに、岩谷氏に、ロックに関わり続けているということだ。

80年代以降、岩谷氏自身はロック（等）に絶望し、ボウイからもロックからも離れてしまったが、「ビー・マイ・ワイフ」にボウイが込めた想いは岩谷氏が書いた通りだと信じ続けている私は今も、ボウイを聴き続けている。

2016年1月10日に、ボウイ本人は星となって地球から去ってしまった。しかし、私は、私自身は、ボウイの魂を、想いを引き継ぎたいと思う。そのための試みの一つとして、私は本書を書いた。また、もう一点、本書を書いた理由があるのだが、それは、前述の『ロッキング・オンの時代』の128・129ページに拠る。

「岩谷宏は、それまでの日本の文化的文脈とは全く別の地点から現れたような気がした」「彼が70年代に書いた文章は、今でも、素晴らしいと思えるフレーズがたくさんある」「彼の翻訳したロックの歌詞は、単なる直訳でも、自分勝手な意訳でもなく、本質を突いた言葉として、ロックそのものを言葉で伝えてきた」

岩谷氏が、ロックの訳詩、あるいはロック論という形を借りて表現した多くの言葉には、ロック・ファンどころか、苦悩と共に生きる、全ての人間が読む価値

があると、今でも私は思っている。そんな言葉たちに、今改めてスポットを当ててみたいのだ。このまま、過去の雑誌や書籍の中に埋もれさせたままにしておくのは、あまりに惜しいからである。

　岩谷氏のボウイ論（及びロック論）をどんな形で紹介するのがいいのか、散々悩んだが、結論として、発表された順番に、雑誌ごと・書籍ごとに分け、それぞれの文章に対して、私がどう思ったのか・何を感じたのかを記述して行く、という方法にした。

　（岩谷氏の文章をまとめて、一冊の本を出してみたいとも思ったが、諸々の事情で、あきらめざるを得なかった）

　ボウイ論以外でも、特に重要だと私が思えるものは積極的に紹介しているので、機会があったら、原文に当たってみて欲しい。

　本文を始める前に、以下についてお断りしておきたい。

1、本文中では敬称は略させていただいた。岩谷宏氏は、失礼ながら、「岩谷」
　　と略させていただく。

2、『RO』誌については、号数のみを記載した。

3、発売年ではなく、雑誌、あるいは書籍に記載されている年ごとに分けた。た
　　とえば1974年1月号は、実際には1973年12月に発売されているはずだが、
　　1974年の項に入れている。

4、アルバムの発売日等、資料的な事柄に関してはいくつかの文献を当たったが、
　　間違いがあったらご容赦願いたい。

5、人名等、表記はすべて原文のまま引用した。明らかに誤植と思われる箇所でも、
　　原文を尊重し、そのままにしてある（デヴィッド・ボウイという表記も、文
　　章によって異なっているが、原文のままであることをお断りしておきたい）。

6、第一章より、アルバム・タイトルは『　』、曲名や文章のタイトルは「　」、訳詞の引用や本文の引用は《　》を、原則として使うこととする。なお、引用でもなく、タイトルでもないが、私の地の文で、カッコ書きしている箇所もある。その場合は、「　」、あるいは〝　〟を使っているが、厳密には区別していない。

7、アルバム収録曲の表記をA面、B面と分けたのは、当時の雰囲気を味わってもらうためである。また、LP時代、ミュージシャンは明らかにA面・B面という流れを考慮し、曲順を決めていた。それは、ボウイに限った話ではない。

（レコードからCDに変わったとき、音楽の聴き方は変わったと実感している）

8、一人で行えることには限界があり、したがって、岩谷氏の文章の引用に限らず、その他の引用やページ数の表記等においても、原文との差異に気が付かれることがあるかもしれない。その際は、申し訳ないがお許しいただけたら幸いだ。

9、引用では「私達」となっていても、地の文では「私たち」としている。これは、私が文章を書く時はいつも、「達」を使わないからである。その他、私の書き方の癖によって、引用箇所と表現が違う箇所があるかもしれないので、予めお断りしておく。

10、私自身は、岩谷氏とは何度かメールのやり取りをした程度の関係で、したがって本書は、岩谷氏本人とは一切関係無いことを明記しておきたい。また、私の感想も、あくまでも私個人の解釈であるに過ぎないことを、最初にお断りしておく。また、今後、自分の考え方自体、日々刻刻変化して行くだろうこともご理解いただけたら嬉しい。すなわち、本書に書かれてあることは、現時点（2022年10月）での考えに過ぎない。

11、曲名を邦題で表記しているのは、私が、邦題とは一つの文化だったと思っているからである（特にアナログ時代においては）。ただし、同じ曲でも、邦題は、発表媒体によって違うことが往々にしてあり得るので、厳密ではないことを最初に書いておきたい。

目　次

第一章 『rockin'on』

1972年

　『RO』創刊号の表紙を捲ると、そこには「隔月刊の真にロック的なロック専門誌 ロッキング・オン 1972年8月号」という文字が、ビートルズの写真（PV「レボリューション」の一場面）と一緒に掲載されている。この写真を使ったことからは、当時の日本のロック・ジャーナリズムに不満を抱えていた渋谷陽一らの決意のほどが読み取れる。すなわち『RO』とは、既存のロック・ジャーナリズムに対する挑戦の意思表示だったと言っていいだろう。

　創刊号には、ビートルズやアリス・クーパー、キャロル・キングらの評論が掲載されていて、岩谷はエマーソン・レイク&パーマーと、キング・クリムゾンについて書いているのだが、私が注目したのは、EL&P論における、次の箇所である。

　《（前略）NMMという雑誌の、こんぽんてきなマチガイは、すべて、各種各様の古典的実存どもが、いろんな文章書いたりレコード評書いたりしている、という点にこそあるのだ》《理解する能力、自分にとって外的なものとして味わい鑑賞する能力と、どうしようもなく『やられる』能力（?）とは、こんぽんてきにちがうのだ》（エマーソンレイクアンドパーマーろん）より、26ページ。「NMM」とは、音楽雑誌『ニューミュージック・マガジン』のこと。現在の誌名は『ミュージック・マガジン』である）

　すなわち、ロックにおいて、第3者的な、あるいは鑑賞者的な立場からの物言いは間違っていると。そのような傍観者的な態度を取り続ける限り、人はロックによって自分自身を変化させるということは永遠に出来ないと（ただし、私は今

も『ミュージック・マガジン』誌に限らず、何冊かの音楽雑誌を愛読している）。

　続く第2号ではデレク・アンド・ドミノスやニール・ヤング等について書かれた文章が載っているが、1、2号においては、ボウイの名前は一度たりとて出て来ない。第2号で岩谷はEL&Pの訳詞集、およびソフトマシーンやビートルズ等について書いている。ボウイが登場するのは、第3号になってからである。

　1972年6月6日にイギリスにて発売されたアルバム『ジギー・スターダスト』だが、日本では『屈折する星くずの上昇と下降、そして火星から来た蜘蛛の群』という、非常にインパクトのある邦題で、10月25日にリリースされた（ボウイのアルバムが日本で発売されたのは、これが初めてである。ボウイの日本デビュー盤は、『MUSIC LIFE』1970年1月号によれば、1969年12月25日に発売されたシングル盤「スペイス・オダティー」。当時はこう表記されていた。もちろん、「スペイス・オディティ」のことである。B面は「フリークラウドの少年」。もちろんこれも、「フリークラウドから来たワイルドな瞳の少年」のこと）。これによって、ようやく日本でもボウイの存在が認知され始めた…と言えるだろう。当時人気のあった『MUSIC LIFE』誌（シンコーミュージック）の表紙をボウイが初めて飾ったのは、同年の10月号のことである。

1973年

第3号

　雑誌のどこを見ても何月号かは書かれていないが（「冬」とは書かれている）、55ページに「次号は3月1日発行」とあるので、おそらく、1月に発行したものと思われる（『RO』は、当初隔月刊でスタートした。月刊になったのは、1977年10月号のことである）。

　「ビートルズを葬り去るために」と、表紙に大きく書かれたこの第3号において、ついにボウイが登場する（しかし、ビートルズは葬り去られるどころか、その後、どんどん巨大な存在になっていった。悲しいことに、ジョン・レノンの死が、ビー

トルズ伝説を強化してしまったことは否めない）。

　それは、岩谷宏による『ジギー・スターダスト』の訳詞なのだが、その内容を紹介する前に、岩谷宏の、訳詞に向かう姿勢を説明しておきたい。

　「まえがき」で触れた『ビートルズ●詩集』の巻頭にある、「訳者のことわり書き」にはこう書かれている。

　《だれにとってもビートルズそのものではなくビートルズによって自分の内面にかき立てられたなにものかの方が、重く実在するのである以上、訳詩という行為は、その『なにものか』をなるべく普遍的に記述してみることであるのです》

　本書には、このような考え方に基づいた訳詩が、全部で54曲掲載されているのだが、どれも直訳ではなく、その曲を聴いて内面にかき立てられたものを言葉にしたとしか言えない詩（詞より、詩の方が相応しい）に仕上がっている。

　岩谷が『RO』誌を中心に発表した訳詩のほとんどが、その曲を聴いてインスパイアされたなにものかを、岩谷自身の言葉で表現し直したものだと言っていいだろう。だから、人によっては「原詞に忠実に訳すべきだ」と、あるいは「詞の解釈が間違っている」と感じられる向きもあるかもしれないが、訳詞・訳詩の一つの在り方として、受け入れていただけたら有難い（すなわち、訳詞・訳詩というよりも、岩谷自身の「詩」であり、一つの「作品」なのだ。本書では、すべてその観点から訳詩（訳詞）を引用している）。

　では、実際の内容に移ろう。

　「デビッド・ボウイ ジギィ・スターダスト 岩谷宏訳」（30・31ページ。目次には、「訳詞 デヴィッドボーイ ジギィ・スターダスト」とある）

　『ジギー・スターダスト』とは、言うまでもなく、ボウイを代表する名盤の一つだが、ここでは全4曲訳されている。

「FIVE YEARS」(「5年間」)

　地球があと5年で終わってしまうことを知った男が、そのことによって人間への愛おしさに目覚め、共に歩いてくれる「君」を求める、という曲だが、岩谷はここで、《すべてのきみ》と訳している。そう、特別な一人とではなく、すべての人と歩むのでなくては、という決意こそ、ボウイに、そして私たちに相応しい。

　この曲で自らに「5年間」というタイム・リミットを課したボウイは、5年後の1977年、『ロウ』と『"ヒーローズ"』(この名盤は、かつて『英雄夢語り』という邦題だったこともある)という2大名盤を世に放った。僅か5年で彼は、遥か高みへと到達したのである。

「SOUL LOVE」(「魂の愛」)

　《愛は きみが孤独でさびしいときにのみ 強く 成長しつづける》-孤独な心を抱えている中高生なら、共感せずにいられないフレーズだろう(70年代、ロックは10代の子どもたちが主要な聴き手だった)。それは、'72年だろうと、現在だろうと、変わりはないはずだ。ボウイの甘い歌声には、聴き手を陶酔させる魅力がある。

「STARAMAN」(「スターマン」)

　スターマンとは、ボウイの代名詞と言ってもいい名称だ。亡くなったとき、多くの人が「スターマンは星に還った」と呟いた。《パパやママに教えてはいけないよ そして毎晩こっそりと ぼくのステージを見においで》-ロックを聴くという行為は、70年代においては、両親には内緒にしておくべきことだった。そして、だからこそ子どもたちだけのヒーローとして、ロック・スターは存在していたことになる。

　1972年7月6日、英国の人気TV音楽番組、〈トップ・オブ・ザ・ポップス〉に出演したボウイは極彩色の衣装で「スターマン」を披露した。この映像は、今観ても物凄い衝撃力がある。筆者は大回顧展『DAVID BOWIE is』で改めて観たが、

ボウイの若々しさに、涙せずにいられなかった。

「ROCK'N'ROLL SUICIDE」(「ロックン・ロールの自殺者」)

　アルバムの最終曲であり、ボウイ最重要曲の一つであり、また、ロック史にも永遠に刻まれるべき名曲である。自殺の一歩手前でロックを聴いている子どもたち、若者たちに、ボウイは、「ギミー・ユア・ハンド!」と叫ぶ。自殺まで思い詰めていなくても、「消えてしまいたい」「自分の居場所はどこにもない」、そんなふうに思っている人は多いのではないか。

　《(前略)困ったり、苦しんだり、つらかった自分が、あの日あの時、彼らの音楽に触れることで救われたとも言う。「ビートルズに救われた」とも》(野地秩嘉著、小学館刊『ビートルズを呼んだ男』の松浦弥太郎による解説より、392ページ)

　《ビートルズと私たちの関係というのは、助けられたい、救われたい者同士の出会いであり、助け合い、救い合いながら育んできた関係が、今でも続いている》(同上、393ページ)

　松浦弥太郎の言うビートルズとファンとの関係性は、ボウイと私たちの関係性にも当て嵌まる。ボウイが差し伸べてくれた手を、私たちが握り返すことによって、ボウイ自身も救われていたのではないか。

第4号 (1973年4月号)

　まずは、アルバム『ジギー・スターダスト』の収録曲を、記しておきたい。

　　A面
　　1「5年間」
　　2「魂の愛」
　　3「月世界の白昼夢」
　　4「スターマン」
　　5「イット・エイント・イージー」

B面
1「レディ・スターダスト」
2「スター」
3「君の意志のままに」
4「ジギー・スターダスト」
5「サフラジェット・シティ」
6「ロックン・ロールの自殺者」

『ジギー・スターダスト』というアルバムは、SF的な発想によって作られたと思われがちだが、実は、ボウイはSFについて、こんなふうにインタビューで答えている。

《「（前略）SF的な設定を、人間の状況を描きだすために利用したのです。（中略）SFにはそれほど興味はありません。しかし、SFの発想が人間に与える効果にはたいへん興味があります」》（相倉久人「デビッド・ボウイー　地球へのパスポート」・『ニューミュージック・マガジン』1978年10月号より、53ページ）

この号から、『RO』は日販・東販（現・トーハン）という、出版界の2大取次（取次とは、出版業界の問屋のこと。出版社と書店とを結ぶ流通業者）を通して、全国配本されることになった。このあたりの事情は、前出の『ロッキング・オンの時代』に詳しい。

当時の編集長、渋谷陽一は、巻頭で《ロックが本当に表現と呼べるにふさわしいものになってから約10年、その間に僕たちの中にはロックによってつき動かされた、止みがたき表現欲求が育ってきたようである》（2ページ）と書いている。その表現欲求を世に問う場が、『RO』だった。

表紙はボウイ。全国配本の第1号を飾るに、最も相応しいアーティストだろう。70年代『RO』の精神的支柱は、間違いなくデヴィッド・ボウイとキング・クリムゾンだった。

ボウイは、裏表紙にも登場する。初来日を告知するRCAの広告で、『スペイス・

オディティ』『世界を売った男』『ハンキー・ドリー』『屈折する星くずの上昇と下降、そして火星から来た蜘蛛の群』の4枚のアルバム・ジャケットと共に、ギターを手にしたボウイの写真が掲載されている。

　ここで、4枚のアルバムの発売日を確認しておこう。

『スペイス・オディティ』（イギリスで発売された当初のタイトルは『DAVID BOWIE』）イギリス 1969年11月14日 日本 1973年1月25日（『MUSIC LIFE』1973年1月号に掲載されたRCAの広告より）

『世界を売った男』イギリス 1971年4月10日（アメリカでは、1970年11月4日。10月と書いてあった資料もある）日本 1973年2月25日（オリジナルコンフィデンス発行『オリコンチャートブックLP編』209ページより。

『ハンキー・ドリー』イギリス 1971年12月17日 日本 不明だが、おそらく1973年の3月か4月だと思われる。

『ジギー・スターダスト』（屈折する〜）イギリス 1972年6月6日 日本 1972年10月25日

　4枚のアルバム・ジャケットの下には、「♥デビッド・ボウイーがやって来る!」として、初来日公演のスケジュールが記載されている（4月8日の東京・厚生年金会館ホールから、4月20日の東京・渋谷公会堂まで）。

　第4号には、橘川幸夫が《ものすごく愛着のある号である》（『ロッキング・オンの時代』より、139ページ）と言う通り、極めて優れたロック論がたくさん載っていると私は思う。岩谷のボウイ論は50ページから55ページまで、全6ページにも及び、どの言葉もどの言葉も、胸を打つものばかりだ。

　「デビッド・ボウイ論 ─ 『個人』とはなにか」（50・51ページ）

　《きみは、おそらく、きみの内面に、なんらかのおもい言葉を持っていると思う》

（51ページ）

　世界に存在する、あまりにたくさんの人たち。その誰もが、それぞれの個人的事情を抱えて生きているこの世界とは、いったい何なのか。どれほど重い事情を抱えていようと、重い言葉を持っていようと、それを正確にきちんと、誰かに伝わるように告白できる場は、この世界のどこにも無い。

　《自殺、しているのに、なぜ、生きてるの》（51ページ）

　私も、そう問うてみたい。胸の中に、怒りやら憎しみやら、屈辱感やら絶望感やら、諸々の負の感情が渦巻いているのにも関わらず、なぜ、生きていかなければならないのか、と。

　ビートルズが「ウィズイン・ユー・ウィズアウト・ユー」の中で歌っていたように、本来的には一つであるべき人間が、「自分勝手な欲望を抱いた個」というものに分断されたとき、負の要素が沸き出でて、過誤を重ね続ける歴史が始まったと言えるのかもしれない。

　1980年5月に刊行された『ロッキング・オン増刊 ロックからの散弾銃』の中で、岩谷はこう書いている。

　《『個人』という一個の欲望単位として生きざるを得ないことへの恐怖。そして、多くの人が、この恐怖を抱いていないらしく、当然のように勤しんでいるらしいことへの恐怖》（「［総論］ジョン・ライドンの架空インタビューめかして［個人論］より、117ページ」

　一人の、欲望を抱いた個人として生きるしかない人間の有り様に絶望していたからこそ、岩谷はボウイに惹かれたのではないか。「5年間」の中に出て来る、たくさんの、人、人、人。太った人、痩せた人。背の高い人、低い人。名声のある人、無名な、何ものでもない人。アイスクリームパーラーで、冷たいミルクセーキを飲んでいた女の子、等々。

そんな人たちすべては、ビートルズが「エリナー・リグビー」で歌っている「ロンリー・ピープル」なのだろう。

　「まじめな評論＝本論＝蛇足 デビッド・ボウイはすばらしい!!!!!!!!」（52～54ページ）

　《最後の、『ロックンロール・スイサイド』というのをききたまえ。それは、アルバム中唯一の、ぼくらへの、そして自分自身にむかっての、せつないよびかけのうたになっているのだ》（54ページ）

　「ロックン・ロールの自殺者」という曲が、ボウイを聴くきっかけになった人は多いように思う。

　「続・デビッド・ボウイ訳詞集」51～54ページ）

　第3号には掲載されていなかった曲の訳詞が5曲分載っているのだが、どれも心に迫って来るものばかりだ。

　たとえば、こんな具合に。

　「STAR」（「スター」）

　《吉永小百合はスター
　　天地真理はスター
　　（中略）
　　そしてスターはまさに
　　ぼくらのくるしみの結晶》

　岩谷の部屋には、天地真理のポスターが飾ってあったという（『ロッキング・オンの時代』より、127ページ）。1973年というのは、代表曲「恋する夏の日」が発表された年で、人気絶頂だった。

「スターを必要とする私たちは不幸だ」というのは、岩谷にも渋谷陽一にも、共通認識としてずっとあったように思う。

「LADY STARDUST」（「レディ・スターダスト」）

《満たされなかったぼくのあこがれ
　その、いまだ暗闇であり、
　人々の無理解のなかで
　寒さにふるえているもののために
　ぼくはいま化粧をして
　ラメとスパンコールをまとって
　毎晩 ロックのステージを持つのさ。》

　ボウイをずっと支えて来た名プロデューサー、トニー・ヴィスコンティは、イギリスの音楽誌『Mojo』2016年3月号のボウイ追悼特集のインタビューに答えて、《ボウイは、陰に隠れた人たち、社会に馴染めないでいる人たち、自分は人と違うと感じている人たちの世界を開いた。人と違うことに、どうしたら勇気が持てるかを示したんだ》と語った。

　暗闇の中で、誰にも理解されない想いを抱えたままでいる人たちのため、ボウイはステージに立つ…というこの詩には、感動せずにいられない。そして、満たされない憧れの気持ちを持ち続ける人がいる限り、ボウイはこれからも聴かれ続けるだろう。

「MOONAGE DAYDREAM」（「月世界の白昼夢」※本来なら、「月世代の白昼夢」とでもすべきだったと思う）

《きみは黙ってる権利があるよ
　きみは二千円（れこーどだい）払ってくれた
　だからあれこれ
　いっしょけんめい考えて
　コトバを発するのは

ぼくの方がやるよ ハハハ……》

『ジョン・レノン詩集』（シンコーミュージック）の訳者あとがきで、岩谷は《彼（高柳注、ジョンのこと）が"不正"と感じたのは、一人が一方的な供給者であり続け、彼を除く他が一方的なバイヤー（買い手）であり続ける、という関係性である》（159ページ）と書いている。

別に音楽に限らない。本でも雑誌でも、DVD でもBlu-rayでも同じことだ。私は長年書店に勤めて来た者だが、出版社・取次から一方的に送られて来る大量の本を、ただ一方的に受け止めることしかできない状況に、虚しさをずっと感じている。

「あなたはお金を払ってくれたのだから、何にも言葉を発さなくていいよ」というのは、何と悲しいことだろう。

その他、「HANG ON TO YOURSELF」（「君の意志のままに」「ZIGGY STARDUST」（「ジギー・スターダスト」）「IT AIN'T EASY」（「イット・エイント・イージー」）の訳詩が掲載されている。第3号と第4号で、アルバム収録曲全11曲のうち、「サフラゲット・シティ」を除くナンバーが、すべて訳されたことになる（繰り返すが、どれも創訳とすべき"詩"である）。

なお、この号の18・19ページには、「ジミー・ペイジとの出会い」という文章も掲載されていて、この中には《デビッドボウイ（高柳注、原文ママ）の場合は、もう、"脱個人"ということをやってる（後略）》というくだりがある。

この"脱個人"という言葉を、岩谷がどういう意味で使ったのか、正確なところは今も分からないが、自らの個人的な欲望に従って生きているだけの人間ではない、というようなことだろうか。

第5号（1973年6月号）

今号には、アルバム『ハンキー・ドリー』の訳詞と、『スペイス・オディティ』

のレコード評などが掲載されている。

　私は、『ハンキー・ドリー』を愛してやまない人間の一人だが、その理由は、ここに収められている各曲の、真摯なまでの真剣さにある。人間とは何か、子どもとは何か、人生とは、人が生まれ成長することの意味とは… ボウイの疑問は、そのまま、私自身が常に問うていることでもある。

「訳詞 ハンキィ・ドリィー」（2〜4ページ）

「CHANGES（チェンジズ）」

　長い間、ボウイのテーマソングと目されていた曲だが、この曲でボウイが"チェンジズ、変われ!"と呼び掛けているのはもちろん、聴き手一人、一人（と、自分自身）に対してである。

　変化し続ける、というのはつまり、常に過去を否定し、新しい明日を想像して行くということだろう。自分が常に、新たな自分であり続けるということだろう。

　70年代のボウイは明らかに、アルバムごとに大きく変化していた。過去の自分と決別して、白紙の明日を創り出して来たと言ってよい。その意味で、彼はまさしく、ロックの革新者であったのである。

　岩谷宏はこの訳詩の中で、はっきり「大人になるな」（2ページ）と訳している箇所があるが、「大人になることを否定する」というのは、かつて、ロックのテーマの一つだった。

　この件に関しては、次の文章を紹介しておきたい。

《学校なんてくだらない、大人はみんな馬鹿だ、大人の世界には巻きこまれるなと、ロックンロールは、そのリズムとサウンドと生命力とをまだうけとめることができるほどに無垢な感受性をのこしたティーンエイジャーに、力強く告げた。ジョンが、『マイ・ヒーロー』と呼んだチャック・ベリーなど、自作曲の歌詞の

世界においてすらはっきりと、大人になるな、と告げていた》（片岡義男訳『ビートルズ革命-ジョン・レノンの告白』草思社刊より、「訳者あとがき」321ページ ※本書は、ヤーン・ウェナーによる、ジョン・レノンとオノ・ヨーコのインタビュー集である）

　「大人になるな」というメッセージは、今日の子どもたちにとっても有効であると思う。残念なことに、大人たちの社会は、今なお非人間的な出来事で覆いつくされている（このことに私は、怒りを感じずにいられない!）。

　子どもたちへのアジテーションを歌ったのち、2曲目でボウイは、「子どもとは何なのか」を問う。

　「OH YOU PRETTY THINGS（原文ママ、本来ならOH!のはず）」（「ユー・プリティ・シングス」）

　子どもとは、空の裂け目から大人たちのもとへと訪れる新人類なのだと歌われる。そして、大人たちは皆、その、より優れた人類に道を譲り、第一線から退くほかないのだと。

　社会はもう滅茶苦茶だ。だから、新しい世代に望みを繋ごう（1971年のイギリス映画『小さな恋のメロディ』にも、同じ願いが感じられる）—そんなボウイの想いが感じ取れる曲だが、それだけでなく、私たちは何のためにこの世に生まれたのかと問うている曲でもある。

　訳詩の中に《すでに/『他者』/『異物』/『スターマン』は/やってきているんだ》（3ページ、「/」は、原文では行替えされていることを意味する）という一節がある。子どもとは、大人にとって異物であり、明らかな他者だと、岩谷は（ボウイは）断言しているようである。

　「LIFE ON MARS」（「火星の生活」）

　この曲に登場するのは、些細なことで親に叱られて、街の映画館に入り、何回

も観たことのある映画を観て時間をつぶす少女である。

　親に叱られて、仕方なく映画館で時をやり過ごす、というのは、子ども時代に経験のある方も多いだろう。ここで岩谷は《映画とはみじめな退屈》《映画という/実にみじめで退屈なものしか/文化らしきものをつくり得なかった彼等》（3ページ）と訳していて、映画という文化を完全に否定しているように思える。

　岩谷宏が映画を否定しているのは、映画を観ている観客は、結局、単なる受け身の存在（映画の感想を一方的に述べるだけの無力者）でしかないことに因る。

《映画は、余剰エネルギーの吸い取り紙だ》（岩谷宏著『オトコの光景』JICC出版局刊より、73ページ）

《映画館は暗闇のガス室である》（同上書、75ページ）

　私自身、映画を観に行くのは、現実から逃避したいときが多い。それだけ、現実は私にとってあまりに辛いところである訳だが、私は岩谷のように、決して映画を全否定してはいない（ただ、先に書いたように、受け身の観客であることの空しさは、年々、強くなっているが）。

　現在の疎外社会からの一時的な避難所になっていることは否定しないが、映画から得た感動や知識を、実生活に活かしている人は少なくないはずだと思いたい。

　しかし、曲の中に出て来る少女の行き先が映画館しか無いとしたら、それはやはり不幸なことだろう。今の子どもたちには、もっと多様な場所があることを祈る。

　（しかし、『宝島』1977年10月号では、岩谷は決して映画を否定的には捉えていない。「メディアのためのメンタル・ノート10 映像は二次元だ!」では、《映画とは、あの四角い小さな平面そのものが、映画を作るその人のプレイ・グラウンドだろう。遊び場だろう》と書いている。映画のスクリーンを「小さい」と表現するのは、現実の大きさに比べたら、という意味だろうか）

「QUICKSAND」(「流砂」)

　岩谷は《思考力はいま サハラの/流砂に呑まれてゆくのだ》と訳している。《あせらなくとも/死ぬときにはだれも/一部始終を分かるのだ》(共に4ページ)とも。

　いろんな思想、考え方、頭に浮かんでは消える諸々の事柄等すべてが砂になって流れてゆく―そんなシーンが想像される曲だ。自分を支える力を失って、他者を求めてやまない状態にあるような。A面最後の曲は、静かに静かに流れ、がんじがらめになった私たちの思考を解きほぐしてくれる。自分を支える力を失って、ただ無力な個へと還元しているかのようだ。

　以上4曲の訳詩が掲載されているのだが、実は、アルバム『ハンキー・ドリー』には、全11曲収録されている。

　　A面
　　1「チェンジズ」
　　2「ユー・プリティ・シングス」
　　3「8行詩」
　　4「火星の生活」
　　5「クークス」
　　6「流砂」

　　B面
　　1「フィル・ユア・ハート」
　　2「アンディ・ウォホール」
　　3「ボブ・ディランに捧げる歌」
　　4「クイーン・ビッチ」
　　5「ザ・ビューレイ・ブラザーズ」

　私の欲を言えば、せめてあと1曲、謎に満ちた「ザ・ビューレイ・ブラザーズ」も訳して欲しかった。ただ、《この歌詩はネイティヴによってもその意味を把握することがほとんど不可能に近く、昔から海外のボウイ研究家の間でもさかんに

議論が行われているものであるが、未だにその評価は定まることはない》（古川貴之著『デヴィッド・ボウイ詩集 ～スピード・オヴ・ライフ～』・シンコーミュージック刊より、91ページ）ということなので、困難だったのかもしれない。

「DAVID BOWIE IN Tokyo」（5ページ）

岩谷によるライヴ・レビューだが、1973年4月5日、ボウイは初来日を果たしている。初来日ツアーの日程は、以下の通り。

        8日（日）新宿厚生年金会館
       10日（火）新宿厚生年金会館
       11日（水）新宿厚生年金会館
       12日（木）名古屋市公会堂
       14日（土）広島郵便貯金会館
       16日（月）神戸国際会館
       17日（火）大阪厚生年金会館
       18日（水）渋谷公会堂
       20日（金）渋谷公会堂

出だしに「厚生年金ホール」とあるので、8日か、10・11日のいずれかのコンサートに、岩谷は行ったのだろう。

《とにかく、ナマのステージを見て、『私はミュージシャンじゃない。アジテーターだ』とゆう彼のコトバがものすごく明瞭にわかった》

《いっしょけんめいやってる人につきものの"ひよわさ""もろさ"がひしひしと感じられて、それが、もう、なんともいえず、いい》

私がボウイのパフォーマンスに感じていたのも、一生懸命さ、ひよわさ、もろさだった。だからこそ私はボウイを信用できたし、今も好きなのだ。

《この世界が完全にスムーズな、トータルな、愛の世界になったら、もう、私

達はスターを必要としないはずだ。ボウイは捨て石》

　岩谷はここでも“スター否定”をはっきり書いている。70年代の『RO』誌は“スター否定”という思想を常に掲げていたが、しかし、21世紀の現在、幸か不幸か、未だスターは存在し続けている。

　大林宣彦監督は、晩年、次のようなことをよく言っていた。

　「私が映画を創り続けるのは、いつか、この世から映画が無くなる日を夢見ているからだ。世界中の人々が青空のもと、手を繋いで生きられるようになったら、映画は要らなくなる。今、人々が映画館に行くのは、この世には決して無い、ハッピーエンドを見るためなのだから」

　この言葉は、大林監督の著書を何冊も読んだ私が、「たぶん監督の言わんとしているのはこういうことだろう」と想像して書いた。

　スターも映画も、現実が不幸なままである現在は、まだ、無くせないだろう。

「他者様」（20・21ページ）

《『火星』『スターマン』等々も、現実に存在する火星や宇宙人等々ではなく、私達にとっても〝思う〟もの、すなわち想念としての『他者』である。ジギィ・スターダストのジャケット・デザインは、ロンドンの下町の深夜に降り立った「他者」をイメージしている》（20ページ）

　アルバム『ジギー・スターダスト』のジャケット・デザインは、表も裏も、実に優れていると私は昔から思っている。都市に舞い降りて来た他者が描かれ、その他者とは、今までの人間とは異質な存在なのだと、宣言しているようだ。

《この社会のありように関して等、のいまの人間のありように関して、ある、ものすごくラジカルな〝かわき〟と〝いらだち〟をもっている者にとっては、およそいっさいの人間的を称する物事や表現、その持つ温度や湿度はわずらわしい》

（21ページ、すべて原文のママ）

　70年代には、社会や、人間の在り方に関して違和感を抱いていた者が、ロックを聴いていた。ロックによって、自分が抱えている違和感は、自分だけのものではないと気が付いた者が、たくさんいたのだ。すなわち、「自分は一人ではない」と気付かせてくれたのがロックであり、『RO』であり、岩谷だった。

　この第5号には、オノ・ヨーコのアルバム『無限の大宇宙』の解説と訳詩（もちろん、岩谷による）も載っているのだが、このアルバムも私にとっては、「世界への違和感に苦しむ者」のための音楽だった。特に、「今宵、彼にやすらぎを」には、現実との闘いに疲れた者、倒れた者への慈しみの感情が全編を覆っていて、聴いていると、涙せずにいられない。怖れや孤独、苦しみについての歌である。

　《そして、この詩集を手にした、あなたの夜が、うまくいきますように。今夜こそ》（シンコーミュージック『デビッド・ボウイ詩集』訳・北沢杏里　訳者あとがき「オディティによせて──」より、143ページ）

　「あなたの夜が上手く」とは、イギー・ポップ作詞・デヴィッド・ボウイ作曲の「トゥナイト」の歌詞からの発想である。

　「スペース・オディティ」（43ページ。ここも、原文のママである）

　この文章は、来日前に書かれたようだ。1ページ全体ではなく、大久保青志のハンブルパイ『イート・イット』のレコード評と、ページを半分ずつ分け合っている。

　『スペイス・オディティ』のアルバム評ということなのだろうが、半分以上は、アルバムの中の大作「シグネット・コミティー」の訳詩である。

　《金の支配するこの世に
　　新しい生命を植樹するという
　　無暴（原文ママ）をおかした》

（「無暴」は、明らかに「無謀」の間違いだろうが）金の支配する世に子どもを生む。考えてみれば、まさしく無謀な行為だ。

　無謀＝結果に対する深い考えのないこと。

　《デビッド・ボウイはにがい毒だ。あらゆる夢が、（当然のこととして）、うばわれたあとのニガサだ》

　岩谷は、ボウイは《私の本質ともいうべき狂気と不安の振幅をさらにつのらせる》と言う。この文章だけでも、彼にとってボウイがどれだけ特別なアーティストだったか分かるだろう。そして、そんな岩谷に感化されてしまった私にも、ボウイはあまりに特別なアーティスト（であり、思想家）なのである（決して過去形ではない）。

　80年代以降のボウイはもはや苦い毒では無かったのかもしれないが、それは仕方が無い。もしずっと苦い毒であり続けようとしたら、彼は正に「ロックン・ロールの自殺者」の如く、ロックに殉ずるほか無かっただろうから。

　なお、"オディティ（oddity）"には、"風変わりな人、変人"、あるいは"奇妙な出来事"等の意味があるが、『オディティ デビッド・ボウイ詩集』（北沢杏里訳 シンコー・ミュージック）の142ページによると、《ねえ、デビッド。あなたにとって、デビッド・ボウイって、どんなひと?》と問うた北沢杏里に、ボウイは《オディティ。彼は世界のはみだし者。アウトサイダーさ》と答えたという（"デヴィッド"はかつて、"デビッド"と表記されていた）"

　現代社会は、そのあまりの複雑さゆえ、多種多様な人間を生み出した。だとしたら、体制に馴染めず、はみ出してしまう者も生まれて当然だろう。

　大事なのは、大勢と違うからと言って、その人を否定しないことである。

　たとえばかつて"左利き"の人間は、肩身の狭い思いをすることを強制されていたが（私もその一人）、麻丘めぐみの「私の彼は左きき」（作詞：千家和也 作曲：

筒美京平 1973年）という歌が、そんな状況を変えてくれた。

　そのような、暴力的でない小さな革命が、もっと色々起こったらいいと思う。

第6号 （1973年8月号）

　今号では、アルバム『アラジン・セイン』が取り上げられている。特筆すべきは、洋楽雑誌でありながら、沢田研二論（渋谷陽一と松村雄策）や天地真理論（岩谷）も掲載されている点だ。

　『アラジン・セイン』収録曲は、以下の通り。

　　A面
　　1「あの男を注意しろ」
　　2「アラジン・セイン（1913-1938-197?）
　　3「ドライヴ・インの土曜日」
　　4「デトロイトでのパニック」
　　5「気のふれた男優」

　　B面
　　1「時間」
　　2「プリティエスト・スター」
　　3「夜をぶっとばせ」
　　4「ジーン・ジニー」
　　5「薄笑いソウルの淑女」

では早速、内容を見て行こう。

まず、2・3ページに、訳詞が何曲か分載っている。

「WATCH THAT MAN」(「あの男を注意しろ」)

全体に猥雑さが横溢した、激しいロックン・ロールだが、私が注目したのは《鏡をぜんぶ割ってしまえばいい!!》(P2) という一節である。

2014年に発売されたボウイのベスト盤『ナッシング・ハズ・チェンジド』は数種類あるが(アナログ盤でも出ている)、ジャケットはすべて"鏡を見つめるボウイ"というコンセプトで統一されていた。

ボウイにとって鏡とは、異界からの使者が現世に現れるときの通り道という意味があるのではないかと私は以前から思っているのだが、鏡を割ればその使者は、異界へはもう戻れない、ということになる。

ボウイという、異界からの侵入者は結局、死することによってようやく、自分の場所へと帰って行ったのかもしれない。

「ALADDIN SANE」(「アラジン・セイン」)

《いま 何百人という人たちの涙が ひとつの泉になろうとしています》(P3) とは、何と美しいイメージだろう! 世界中に今まで存在した人たち皆の涙を集めたら、いったいどれほどの量になるのだろう? 無念の涙、悲しみの涙、喜びの涙。いろんな涙があるだろうが、私がいつも思うのは、無念の涙を流しながら死んでしまった人たちの想いは、どうなってしまったのかということだ。

私は世界中の人が救われるべきだと思っているが、そうなるための方途はまだ見つかっていない。見つからないかぎり、涙の泉は、更に量を増やして行くだけだろう。

なお、原詞では「何百人」ではなく、「何百万人」である。

「TIME」（「時間」）

　時間への違和感を、ボウイはこの曲で歌っている。《私のうたの真意は 夢を見て そして 罪人になること「夢見ることは罪悪だ」と言いきりたい》（P4）と岩谷は訳すが、私は未だこの真意が分からない。ただ、夢見る罪人という言葉に酔い痴れるだけだ。

「夜をぶっとばせ」

　この曲だけなぜか、原題表記ではなく、邦題になっている。ローリング・ストーンズのカバーだからか? 最初から最後まで、ボウイは性急に、私たちを夜へと駆り立てようとしているかのようだ。「ロックン・ロールの自殺者」とは、昼間の世界に住処を持ち得ないものの謂いか。

「JEAN GENIE」（「ジーン・ジニー」）

　《小さなジーン・ジニー 都市につきささった折れくぎ パチンコ屋の開店ビラの前で少年マガジンに ラーメンのしるをかけて喰う》（P4）…都市に生きる人間の、あまりに哀れな生き様。どんなにカッコつけようと、あなたも私も、都市の消費者人種に過ぎない。

　《いまの世でおおかたの労働とは 自分の脱け毛を集めてシャツを作るようなもの》（P5）…この世で生きて行くためには、金を得るための仕事をしなければならない。その厳しい現実が、どんな悲劇を生んでいるか、一度、きちんと検証すべきだと思う。

「LADY GRINNING SOUL」（「薄笑いソウルの淑女」）

　アルバム最終曲は、マイク・ガースンの美しきピアノの調べが、取り分け印象に残る不思議な曲だ。片岡義男が《そうすれば彼女は あなたの楽しみのきわみ》（日本盤LPの対訳より）と訳した箇所（原詩は《She will be your living end》を、岩谷は《この女こそ きみの 生きながらの終末なのだから》（P5）と訳した。そ

して古川貴之は『デヴィッド・ボウイ詩集 ～スピード・オブ・ライフ～』（シンコー・ミュージック 2002年）の中で《彼女はあなたにとって宿命の人となるだろう》（P158）と訳した。

〝Living end〟を英和辞典で引くと、「究極、極限」と載っている。ネットで調べてみると、「生きている究極（の存在）」というような意味もあるらしい。

訳詩に続いては、26ページから33ページまで、「娼婦の思想」と題された文章が掲載されている。内容は、「薄笑いソウルの淑女」に関する論文で、原詩の1行、1行に対する解釈が述べられている。この論文から、重要と思われる箇所をいくつか引用してみよう。

《ところで、日本公演は、聴衆の側のまったく無意味なパーティーに過ぎなかった。》（27ページ）

《この歌も、現存する娼婦についてうたった歌ではなくて、『スターマン』『火星の生物』『アラヂン』等々と同じく、いかにもデビッド・ボウイ的な『思想仮託者』としての想像物ととるべきだろう》（31ページ）

70年代のボウイは、様々なキャラクターに己の思想を仮託していたのだ、と言える。

《貨幣は、権力者、支配者がその支配性代行として発行したのが、いずこの国においてもその起源であったはずだ》（32ページ）

この時点で、すでに岩谷は貨幣批判を展開している点に注目したい。岩谷の思想の中心にあるものの一つが、貨幣に対する批判的視点である。

《実をいうと、ボウイの詩は、イミ、明確にはわからず、しかも、なぜか、すごく直接的に、感覚的というよりもむしろ〝生理的〟にといった方がいいくらい、モロにわかる、という、実に異様な魔力を持った詩だ》33ページ）

意味は明確には分からないけれども、どうしようもなく惹かれてしまう、心が捉えられてしまうというのが、ボウイの詩だ。そして、その言葉が、異様な音と、あの、妙に切羽詰まった、異様な声で歌われたからこそ、多くの人を魅了したのだろう。

　本号では、41ページの「後進性まるだしの記者会見（とゆうシロモノ）」もボウイに関する文章である。

　来日記者会見で岩谷がボウイに「シグネット・コミティー」（アルバム『スペイス・オディティ』収録曲）の意味を尋ねたとき、彼はこう答えたと言う。

　《シグネットとは白鳥の赤ちゃんでありまして、それはとてもみにくいものの代表です。みにくいが、しかし、将来はたいへん美しいものになる―当時、私が参加していたある種のグループについてうたったうたです》

　岩谷はこの文章の中で、会見に集まった記者たち、評論家たちの程度がひどすぎたことに怒りを表明している。日本のレコード会社のプロモーションの仕方にも。

　しかし、当時ボウイのことを、思想家、変革者、扇動者というふうに受け止めていた人はほとんどいなかったであろうから、仕方の無いことだとは思う。

　最後に、「天地真理論」の中で《もしかしたら、近年中に、すごくブザマな、あるいは悲劇的な結末をむかえるんではないかという気がするときがある》（16ページ）と書かれていることを付記しておきたい。

　この予感は、半分当たって、半分外れた、と言える。

　なぜなら、当時ファンだった人には、今でも彼女を好きな人が多いのだから（私もその一人）。その証拠に、2022年9月28日には、デビュー50周年記念のアナログ盤『Love In Blue』が発売された。

天地真理主演の映画『虹をわたって』（1972年）は、邦画史上に残る名作だと、書いておきたい。2023年3月8日にDVDが発売されることが決まったので、興味を抱いた方には、ぜひ視聴していただきたい。

第7号 <small>（1973年10月号）</small>

　この号では、キング・クリムゾンが特集されているのだが、岩谷の「追憶のクリムゾン」の中に、ボウイの名前が出て来る箇所がある。

　《デビッド・ボウイは、必ず、開演第一曲目で, You better hang on to yourself. とやらかすが、クリムゾンの場合、この種の親切気のかけらすらない。言うまでもなくあたりまえのことだからだ》(7ページ)

　岩谷はクリムゾンを、「スターという存在を否定しているロック・グループ」と捉えている。貨幣と並んでスターもまた、岩谷にとってはずっと否定すべきものだったのである。

　また、36・37ページの「私はロックを……」でも、ボウイの名前が出て来る。ボウイ等を芸術的に問題視しつつ気に入っている人への違和感を語っているのだが、ボウイとは、ロックとは、芸術的に鑑賞するだけのものではない（単なる"鑑賞"で済ますな、ということか）と、岩谷は言いたいのだろう。

　その他、49ページ「ベルベットアンダーグラウンド&ニコ」には、こうある。

　《おそらくボウイは、日本でも、聴衆が、「意識を持って、すなわち『意味をくみとる人』として、自分のコンサートを聴いてほしいと願い、そして、結果的にはがっかりしたのであろう》

　70年代の日本では、今以上に英語に精通している人はいなかっただろうから、岩谷の願いは、過剰期待と言うべきかもしれない。全アルバムに、詳細な訳詩が付けられていたら少しは事態が変わったかもしれないが、それでもほとんどの人にとって、ロックは他の洋楽と同じく、まずは楽しむべきものと受け取られてい

たであろうことと考えると、レコード会社がどのようなプロモーション活動をしようと、事態は同じだったような気がする。

第8号 （1973年12月号）

この号では、アルバム『ピンナップス』が取り上げられている。カバー曲ばかりが収録された、ボウイにとって唯一のカバー・アルバムである。全曲1960年代の作品で、ほとんどがイギリスのバンドの作品によって構成されている。

アルバム収録曲は、以下の通り。

A面
1「ロザリン」
2「ヒア・カマズ・ザ・ナイト」
3「アイ・ウィッシュ・ユー・ウッド」
4「シー・エミリー・プレイ」
5「エヴィリシングス・オールナイト」
6「アイ・キャント・エクスプレイン」

B面
1「我が心の金曜日」
2「愛の悲しみ」
3「ドント・ブリング・ミー・ダウン」
4「シェイプス・オブ・シングス」
5「エニウェイ、エニハウ、エニホエア」
6「ホエア・ハヴ・オール・ザ・グッド・タイムス・ゴーン」

今号でボウイの記事は、以下の通りである。

「60年代には何があったか デビッドボウイのピンナップスをめぐって」五味啓子＋岩谷宏

《でもボウイ君、「ピンナップ」してしまえるようなものなんて、結局は、自分にとってほんとはどうでもいいものじゃないのかい?》(26ページ)

　《ピンナップするとは、自己対象化の作業である》(26ページ)

　原曲を未だ知らない私には、その自己対象化作業が上手く行ったのかどうか、判断できない。

　今号の特集は「アリス・クーパー」と「総展望 現在ロックは何処に」の二つあるのだが、「総展望」の54ページで、岩谷は「デビッドボウイ」と題して次のように書いている。

　《デビッド・ボウイという人は、ロック・ミュージシャンの歴史の延長上にある人ではなくて、むしろ、ロックから多大の影響を受けたひとりの思想家なのです》

　《ひとたびある人が、人間としては無になり、カラッポになり、すっぱだかになったとき、そういう次元で生まれてくるコミュニケーション欲求を、しっかりと尖鋭に確認させてくれるまったく新しいアーチストはデビッド・ボウイであり、まったく新しい雑誌はロッキング・オンであります》

　80年代以降にボウイを聴き始めた人には想像すらできないかもしれないが、70年代には間違いなく、ボウイを「今までにいなかった、全く新しいアーティストであり、思想家」として受け止めていた人が、ここ日本にも少なからずいた(『RO誌』も今までになかったまったく新しい雑誌であり、思想誌だと受け止めていた人がいた)。

　そして、今となっては、大切なのは、そう思い得たことなのだと、そう言い切りたい気がする。

　ボウイを思想家だとする私の考えに反対する人が何人いても構わない。大切なのは自分の想い、ただそれだけなのだから。

1974年

第9号 （1974年2月号）

　この号には特に、ボウイに関する文章は載っていない。ただ、32〜35ページの「ボブ・ディラン大批判」の中に、ボウイの名前が出てきている。

　《（前略）ロックというコンセプトを、はっきり対象化してみせた最初の人がデビッド・ボウイであると私は思っている》（34ページ）

　《たとえば、非常に明瞭な発言が、ボウイのジギー・スターダストの中の「スター」という曲にある。すなわち「ロックとは、ワイルドなミューテーションであり、トランスフォーメーションである」。つまり、ロックとは変容であり、〝チェンジズ〟なのである》（34ページ）

　岩谷はこの論文の中で、「うた」とは、一時的にしか不安を抱えている人間を救えない、〈そのときかぎりの解決策。〉（35ページ）と書いて、「うた」を否定している。

　確かにその通りなのかもしれないが、私にはやはり、「うた」が必要だ。今も、そしておそらくこれからも。現実が、人生が、不安なものである限り。

　この論文の中で私が最も共感するのは、次のくだりである。

　《ロックは無限に弱いもの―というのが今の私の認識である》（33ページ）

　《文学者ならば弱くなれ》（新潮文庫『もの思う葦』所収「如是我聞」より、305ページ。「如是我聞」とは、仏法の冒頭に置かれる語の意味）と言った太宰治に倣って、私は《人間ならば弱くあれ》と言いたい。

　本号で岩谷はエマーソン・レイク・アンド・パーマーの『恐怖の頭脳改革』を訳している。正に〝絶品〟なので、本号を入手される機会があったら、ぜひ読んで

欲しい。

　なお、46ページには『ピンナップス』の広告が掲載されていて、そこには《青ずっぱい17才のピンナップ》と書かれている。

　その他特筆すべきことは、この号から、70年代『RO』の名物であった「架空インタビュー（このアーティストなら、こう質問したらこう答えるだろうと想定して書かれた記事）」が掲載されていることである。第1回のゲストはジミー・ペイジ。

第10号 （1974年4月号）

　表紙はジョージ・ハリスンで、特別付録として岩谷による「ビートルズ大訳詞集」が5ページに渡って掲載されている。

　ボウイに関する文章は、以下の通り。

　「イギリス・ネオ・ハードロック特集」の中で、ブラックフットスーについて岩谷が書いているのだが、《アラジン〝セイン〟とは、魔法のランプに頼れないことを自覚した弱者の謂ではないだろうか》（28ページ）とある。「弱者」という表現は、9号の「ロックは無限に弱いもの」に呼応する。

　もう一つ、33ページから35ページにかけて、「それらはすべて過去のものだという安心感 ジギー・スターダスト論」が掲載されている。この中から、個人的に重要だと思える箇所を抜き出してみよう。

　《デビッド・ボウイの言葉の暴力は、音も振動もなく地球をまっぷたつに切り裂いたように見事だ》（33ページ）

　もしかしたら私自身は、ボウイの詞に込められた言葉の暴力に、未だきちんと向き合えていないのではないかと、不安になるときが今もある。

《アルバム「アラジン・セイン」は、「ジギー・スターダスト」への世俗的通俗的解説書だ》(33ページ)

　私も、確かにその通りだと思う。2枚ともボウイのグラム期を象徴する傑作だが、「アラジン・セイン」に漲る猥雑さ（世俗的、通俗的であるがゆえの）は、「ジギー」には無かったものだ。

《キングクリムゾン、エピタフの歌詞には、「しかし、人類の死命を握っているのはオロカ者たちの方だ」というくだりがある（後略)》(34ページ)

　クリムゾンの「エピタフ」は間違いなく、ロック最重要曲の一つだと思う。人間、歴史、社会への絶望を徹底的に歌ったという意味で。

《私たちは、ハダカの、宇宙の孤児だ。どこにも行くところはなく、どこにも行く必要はない》35ページ)

　"宇宙の孤児"は、おそらく、ザ・ビートルズの「ヤー・ブルース」が発想の源だろう（歌詞を読まれたし）。

　このような言い方に、私は今も共感する。私たちがこんなにも孤独なのは、誰もが、広大な宇宙に一人見捨てられた孤児だからなのではないか。

　『ジギー・スターダスト』が、日本におけるボウイのデビュー盤になったのは必然だったのではないかと、今にして思う。『RO』が創刊されたこと、岩谷がボウイに出会ったこと、そして私が、岩谷の文章を読んだこと。それらすべては一本の線で結ばれていたのだ。

　朝日新聞の音楽記者だった篠崎弘は、86年にボウイが来日したとき、『屈折する星屑の上昇と下降、そして火星から来た蜘蛛の群』（『ジギー・スターダスト』の旧邦題）のLPにサインしてもらったという。そのときボウイに《このアルバムが私の人生を変えたんだ》と伝えたら、ボウイは《僕の人生もだよ》と答えたそうだ（ミュージック・マガジン刊・篠崎弘著『洋楽マン列伝2』362ページより）。

『ジギー・スターダスト』によって人生を変えられた人たちは、他にも大勢いることだろう。

　第10号を手に取る機会があったら、クリムゾンのアルバム『暗黒の世界』を岩谷が論じた「『自省期ロック』の一曲型 ―大人になったキング・クリムゾン―」（44〜46ページ）にも注目して欲しい。

　この文章の中には、ボウイの《私は知識人や文化人が私について云々するものはいっさい読まないが、子供達が私にどう反応するかについてだけ関心がある》という発言が引用されている箇所がある。

　その他、30〜32ページでは、当時『RO』の常連ライターだった大久保宏が岩谷を批判していて（「『うた』の生理学 岩谷宏大批判」）、《彼は現実を体験し、克服しようとはしない。ただ現実に苛立ち、自らの欲求が容れられない幼児のように、現実に呪詛を浴びせかける》（「駄々っ子の思想」より、32ページ）と書いている。

　お金に対して、スター・システムに対して、岩谷はただ、駄々っ子のように「嫌だ」と泣き叫んだだけなのか？

　そして、私もその駄々っ子の一人で、現実を呪って来ただけなのだろうか?―私は今も、そう自問自答している。

　私にとっての岩谷とはまず、それまで当然のことと受け止めていた学校制度、貨幣制度、スターシステムや出版の在り方等について、疑問を抱く必要性を教えてくれた人だった。

　それだけは確かである。

第11号 （1974年7月号）

前号での大久保宏の批判に対し、岩谷が反論している。

「あらためてロックとは　大久保宏に応える断片的反論」（12・13ページ）

《デビッドのマネをして「きみもまた、夢を抱く有罪者になってくれ」と言おうか》（13ページ）

「夢を抱く有罪者」とは、アルバム『アラジン・セイン』のハイライト曲「時間」から取られている。

巻末のディスク・レビューのページで、岩谷はアルバム『ダイアモンドの犬』をレビューしている（53ページ）。

《このデビッドの新譜は、豪の「バイオレンス・ジャック」の世界、「バイオレンス・ジャックの政治学版といった世界だ》（『バイオレンスジャック』の実際のタイトルに「・」は無いが、原文に従っている）

豪とは、漫画家・永井豪のことだが、岩谷は、アルバム・ジャケットのボウイの顔は、ジャックに酷似しているとも書いている。

永井豪が『デビルマン』や『バイオレンスジャック』で描いた世紀末世界、人類の破滅といったテーマは正に、このアルバムとも通底するし、巨大なナイフを手にするジャックの姿は、ボウイ・ナイフから名前を取ったボウイ自身に重なって見える。

ボウイの曲とは、聴き手の価値観・世界観を切り裂く、最強のナイフだ。

2〜5ページには岩谷によるレッド・ツェッペリンのアルバム『レッド・ツェッペリンIV』のA面4曲の訳詞が掲載されていて、4・5ページでツェッペリンの代表曲「天国への階段」を批評しているのだが、その中で《白痴的な愛が融解の火つけ役になる》という、ボウイの「魂の愛」（アルバム『ジギー・スターダスト』より）の一節が引用されている。

これは、「天国への階段」の主人公、天国への階段を売って欲しいと願う女性

を指して、のことだ。

　11号に関しては、架空インタビューの中の、グレッグ・レイクの言葉をどうしても引用しておきたい。

　《EL&Pの音と同等の、あるいはそれ以上の、こわい暴力衝動を持っているのは、日本の都市においても、底辺の、みじめな、荒んだ若者たちだろう。そういう人は、きみたちみたいに、ロックのレコードを買ったり聴いたりして悦に入るなどという習慣は持っていないはずだ》（31ページ）

　架空インタビューは、岩谷、渋谷陽一、松村雄策の3人が交替で書いていたそうだが、おそらく今回は岩谷が書いていると思う（12号以降も、架空インタビューから何度か引用するが、「おそらく、岩谷が書いているだろう」という推測のうえでの引用であることをお許し願いたい）。音楽を自宅で楽しむことができるのは、恵まれた人間のみ…というのは、残念ながら事実だろう。

　日本において、1960年代から70年代にかけて、レコード・プレイヤーを買える層が拡大して行ったことが、洋楽が普及して行く過程と重なっていたと私は認識しているが、当時も（そして、今も）音楽を楽しむどころではない人たちがいた（いる）ことを忘れてはいけないと思う。

　70年代、私は確かにロックに救われたが、本当に救いを必要としていた子どもたちにはロック（に限らずだが）は届いていなかったのではないかと、最近、疑念に駆られることがよくある。

　レイクの発言の引用を、もう少し続けてみよう。

　《カーペンターズと、それにすがる人々とをみていると、なんか、静かなかなしい、別れの水さかずきを見ているような気がする》（31ページ）

　水さかずき（水杯/水盃）＝二度と会えない別れのときなどに、互いに杯に水を入れて、飲み交わすこと

《カーペンターズの音楽の、根源的な本質は、「訣別」なのです。うるわしくも悲しい…。葬送曲なんだよ、彼等が歌ってるのは》(31ページ)

私はカーペンターズも好きで、今でもよく聴いているのだが、「葬送曲」と言われたら、頷くしかない。カーペンターズの音楽の美しさには、悲しみが伴う。カレンの痛ましい死を、どうしても思い出してしまう。

《ロックのアーチストなんて、しょせん、いまのシステムの上にのっかって、ぬくぬくと金をもうけるぐらいしか能がないのだ。金とゆうものの存在を呪う歌をうたいながらもだ（後略)》(33ページ)

あえてしつこく書くが、岩谷にとって、スター・システムや、貨幣制度などは、昔から否定すべき対象だった。

最後に、22ページで、《私は英語のヒヤリングはすごく弱いのです。だれかデビッドの「一九八四年」の歌詞を聴きとって書き写して送ってくれる人はいませんか?》(「『イエス』をめぐるパラフレーズ」より）と書いていることを記しておこう。そんな人はいたのだろうか?

第12号 (1974年9月号)

表紙は、アルバム『アラジン・セイン』のジャケットを元にしている（かなり不気味だ）。

「架空インタビュー デビッド・ボウイに聴く『ダイヤモンド・ドックス』について」(2〜5ページ。邦題は『ダイアモンドの犬』だが、ここでは『ダイヤモンド・ドックス』となっている。「diamond」は、「ダイヤモンド」「ダイアモンド」、両方の表記が認められている)

今回、架空インタビューでボウイが初めて取り上げられたが、まずはアルバム『ダイアモンドの犬』の収録曲を書いておこう（今号の57ページに、このアルバムの広告が載っていて、そこには8月25日発売と書いてある）。

『ダイアモンドの犬』

A面
1「未来の伝説」
2「ダイアモンドの犬」
3「美しきもの」
4「キャンディデイット」
5「美しきもの（リプリーズ）」
6「愛しき反抗」

B面
1「ロックン・ロール・ウィズ・ミー」
2「死者の世界」
3「1984年」
4「ビッグ・ブラザー」
5「永遠に周り続ける骸骨家族の歌」

　では、架空インタビューの内容を見て行こう。特に重要と思われる発言を、ピック・アップして行く。

　《R（高柳注、インタビュアーである、ロッキング・オンのこと）＝A面は、いまの、いわゆる、まともな人類とまともな人類の文化・文明が滅亡することを言ってるんでしょう》（3ページ）

　57ページの広告には《ジェノサイドの後に何が起こるか?/ボウイのイマジネーションがいま見た/戦慄の未来社会》とあるが、確かにこのアルバムで描かれているのは、ジェノサイド（集団殺戮）後の、現人類が死滅した後の世界である。

　《R＝B面はすごく現実的イコール超未来まさに現在的で、まず、最初の曲は「レベル・レベル」（高柳注、B面最終曲「愛しき反抗」のこと）の裏がえし的なムードですね》（3ページ）

《D（高柳注、ボウイのこと）＝そう、あれもロックしかないというロック楽観主義だね》（3ページ）

B面最初の曲「ロックン・ロール・ウィズ・ミー」では、〝僕と一緒にロックして欲しい〟という、切実なボウイの叫びに胸を打たれる。連帯を求めている曲という意味では、「ロックン・ロールの自殺者」の続編と言ってもいいかもしれない。「ロックン・ロールの自殺者」で自殺を思い留まった子どもたち、若者たちが、「ロックン・ロール・ウィズ・ミー」では、「共に生きること」を願ったのだ。

《D＝私はロック・ミュージシャンのプロではなく、ロックから受けたなにものかを掘り起こそうとしている一ロックファンに過ぎないのです》（3ページ）

一ロック・ファンに過ぎない若者たちが集まって作った『RO』も、根底にあったのは、〝ロックから受けた何ものかを掘り起こしたい〟という衝動だっただろう。そしてそんな衝動が、私の中に今もある。だからこそ、ここでこうして、文章を書いているのだ。

《D＝何が本当に起きつつあるのか、私にもわからないね》（4ページ）

《R＝現在に関しても、未来に関しても、本当はこういうすさまじいイメージしか抱けない、という貴方の主張はよくわかります》（4ページ）

残念なことに、そして悲しいことに、今現在も、私たちはこれから何が起こるのか、さっぱり分からないまま生きているのではないか。悲劇が起きつつあるのか、そうではないのか。ただ一つ確かなのは、一人一人がバラバラに、様々な不幸に見舞われたとしても、私たちに事前に察知できる能力は無いということだ。

今日の、日本（に限らず）という社会では、人はいつ、交通事故に遭うかさえ分からない。

《R＝「ビッグ・ブラザー」には太陽神アポロの名が登場しますね》（5ページ）

《D＝輝かしい、全面的に肯定的なアポロが登場して、人間はこれまでの生き方のみじめったらしさを露骨に自覚せざるを得なくなって、痛切に恥辱の念を感ずるわけです》（5ページ）

　私たちが今強いられている生き方も、みじめなものだ。生活のすべてが金に握られていて、支配されていて、誰もが「いつクビになるか」「いつ金を失うことになるのか」と、ビクビクしながら毎日を生きている。「自分はそうではない」という人がいたら、「幸せですね」と声を掛けてやろう。

　私たちの社会は、自動車事故で死傷する者が出ることよりも、自動車がもたらす、利便性の方を優先した。何と残酷な社会であることか。

　何にせよ、人間が置かれているみじめな現状は、未だ何も変わっていないことだけは確かだ。

　過労死社会は終わらない、どれだけ人が死のうとも。金が無ければ一日足りとて生きていけないというシステムが変わらないかぎり、今日も明日も、悲劇は繰り返されるだろう。

第13号（1974年11月号）

　20 〜 23ページに、「『概念訳』●ダイヤモンド・ドッグス」が掲載されている。全11曲、すべて訳出されているのだが、「概念訳」とある通り、すべて直訳ではない。アルバム全曲の訳が載るのは、この号が初めてである。

　この中で、例えば「愛しき反抗」の訳（私には、「原詞はどこへ行ってしまったの?」としか思えないが）など読むと、岩谷は当時、ボウイの歌詞の訳という形を借りて自分の言いたいことを詩にしていたのだということがよく分かる。

「Rebel,Rebel」（子供に向ってのアジ）

《子供たちよ

（中略）
精一杯反抗して
きみたちが
未来社会の基礎を
つくるんだ》

《学校
　に対しては
　登校拒否を
　貨幣制度
　に対しては
　万引きを
　（後略）》（21ページ）

　しかし、ここまで過激な言葉が掲載されている雑誌が、普通に一般書店で売られていたかと思うと、驚きを感じずにいられない。

　ただし、言うまでも無いことだと思うが、岩谷は実際に、「登校拒否をしろ」「万引きをしろ」と言っている訳では無いと思う。

　学校教育制度に疑問を持った子どもがいても、今のところ、学校に行くことを拒否した子どもはその後の人生を無事に送ることが難しくなるだろうし、万引きとは、明らかに犯罪だ。

　だから、あくまでも、心の持ちようとして言っているだけだと思うので、誤解されないように願う。

　岩谷がこの詩に込めた願いとは、子どもたちに、自分たちが、未来社会を築く存在なのだと自覚して欲しいということだと思う。

　それは、すべての子どもたちがそうだ、ということだ。

すべての子どもたちが、胸を張って、そして誇りを持って生きられる世界を、私は切に願っている。

　願っているのだがしかし、私は今日も、このLPのB面を聴くと、世界の厳しさを自覚してしまう。

　B面の一曲目、「ロックン・ロール・ウィズ・ミー」の《優しさがなんの役にも立たない今の時代》という言葉には今も「正にその通り!」だと思うし、「死者の世界」は《なんにもできないぼくらは死人だという歌》だという解釈にも頷かされる。

《つらい毎日。まるっきり不本意な毎日
　の生き方。死んでるのと同じなぼくた
　ちだ》（22ページ）

　現代社会は今も、決して少なくはない人たちに、同じようなみじめな思いを与えたままでいる。1974年も今も、個人の置かれている救いの無い状況は、何も変わっていないのではないか。

　そのような状況に抗うために、私は今、この文章を書いている。

　「ロックン・ロール・ウィズ・ミー」の訳詩は《必然的に世をすねて　斜に構えて生きてきたぼくだけど》と始まる。

　今の社会が私たちに強いている生き方に同調できる人ならばいい、しかしそうでない人たちにとって、この世は時に地獄だろう。

　70年代の一時期、ボウイが、ロックが、社会への違和感に苦しんでいる人たちの救いだった時期が、確かにあったのである。

　『ウルトラマンA』の最終回（1973年3月30日放映）でAは子どもたちにこう言う。

「優しさを失わないでくれ…たとえその気持ちが何百回裏切られようと」「それが私の最後の願いだ」

私にとってのボウイとは、「優しさを失わないでくれ」という願いだ。この世の残酷さに何度身を引き裂かれようとも、何度裏切られようとも、私も「優しさ」を失いたくない。

13号では48・49ページの「永井豪論 今にむかってたたきつけられた暴力」にも触れておきたい。

《バイオレンス・ジャックも、話しとしては未来のことだけれども、まさしく「今」に向かってたたきつけられているのである。デビッド・ボウイの、一連の未来ものも、まさに、そう》(49ページ)

『バイオレンスジャック』は『デビルマン』と並ぶ永井豪の代表作だが、岩谷は永井豪のことを《ひとつの画面だけで瞬間的な勝負のできる漫画家》(48ページ)と書いている。

今号のディスク・レビューで岩谷はマイク・オールドフィールドのアルバム『ハージェスト・リッジ』について書いているのだが、その中にこんなくだりがある。

《キング・クリムゾン最新譜のA面第一曲目は、歌詞を見ると、グレート・デシーバー＝多いなる欺瞞師とは、ロックのことであるらしい》(55ページ)

この曲は、アルバム『暗黒の世界』の「偉大なる詐欺師」のことだが、ロックという詐欺師に騙された私は、沢山のお金をロック音楽に持って行かれた…というのは半分冗談で、ロックに出会ったのも、岩谷に出会ったのも、私の人生において必然だったのだから、仕方が無い。

最後に、34ページの「LIVEジェネシス」から。

《メディアが必要なのだ》

《メディアとは、私達ひとりひとりが孤立してしまわないために、いまの社会の屈辱的な構造の中に埋没してしまわないために必要なのだ》

しかし、残念なことに（そして悲しいことに）、岩谷の願い空しく、今なお私たちを孤立から救ってくれるメディアはどこにもない。

一人、一人を「バラバラな個人」にしてしまったこの社会の中、人は誰もが、個人的な不幸、苦悩を抱えて生きている。そして、ある日突然死が宣告されるのだ。

（大島弓子著『シンジラレネーション』・朝日ソノラマ刊を、ぜひ読んで欲しい）

手遅れになる前に、何とかしたい。

1975年

第14号（1975年1月号）

57ページにアルバム『デビッド・ボウイー・ライブ』（現在の邦題は『デヴィッド・ボウイ・ライヴ』の広告が掲載されていて、アルバムのジャケット写真の横には、《新しきボウイー 妖しく、そして遅しく ―待望の初ライブ盤》というコピーが付いている。

まずは、このライヴ・アルバムの収録曲を記しておこう。

DISC1

A面
1「1984年」

2「愛しき反抗」
3「月世界の白昼夢」
4「美しきもの」

B面
1「チェンジズ」
2「サフラゲット・シティ」
3「アラジン・セイン」
4「すべての若き野郎ども」
5「気のふれた男優」

DISC2

A面
1「ロックン・ロール・ウィズ・ミー」
2「あの男を注意しろ」
3「ノック・オン・ウッド」
4「ダイアモンドの犬」

B面
1「ビッグ・ブラザー」
2「円軌道の幅」
3「ジーン・ジニー」
4「ロックン・ロールの自殺者」

それでは、本文を見ていこう。

「なにを考えているんだろ? デビッドくん? ライブ・アルバムをめぐって」(18・
19ページ)

シリアス君とデタッチ君の対談という形になっているが、内容からして、書き
手は岩谷だろう。

「すべての若き野郎ども」について…《あれはぎりぎりの絶望の歌だし、絶望的な状況の中に共に住まざるを得ない若者達を、けんめいに歌ってる歌だ》(18ページ)

是枝裕和監督の映画『三度目の殺人』には、「この世は不条理だ」というセリフが出て来るが、この世がどれほど不条理なところか、今更私が改めてくだくだと書く必要は無いだろう。私たちの置かれている絶望的な状況は、今も昔も少しも変わっていない。

「すべての若き野郎ども」は、ボウイの切迫感・切実感が痛いほど聴き手の心を打つ、名曲中の名曲だ。その"一生懸命さ"は、たとえどんなに状況は絶望的だとしても、頑張っていかなければ! と、私をひたすら鼓舞してくれる。

この曲は、モット・ザ・フープルに提供された曲だが、ボウイ自身のスタジオ録音盤もある。

曲の中で、「ニュースを伝えろ」とボウイは歌うのだが、このニュースとは、「5年間」の歌詞にある、"あと5年で地球は終わる"というニュースのことであったらしい。

ただ、今も私は、"若き者たちよ、あなた自身のニュースを、全世界に伝えよ"という意味だと思っている。

また、古川貴之は『デヴィッド・ボウイ詩集 スピード・オブ・ライフ』(シンコーミュージック)の160ページで《ボウイがこの曲に「全ての被迫害者たちへ」というコンテクストを忍ばせているという仮説まで成立する》と書いている。古川の仮説が正しければ、正に、ボウイの面目が躍如となるように思う。

以下はすべて、19ページからの引用である。

「スペース・オディティ」について…《私達は切り離された宇宙の孤児である》

結局社会の都市化が、夥しい孤独者を作り出してしまったということなのだろうか。隣の人ですら他人という…。

　人との、あるいは社会との繋がりを失い、この世界の中で漂流を続けている人は、少なくないと思う。

　「5年間」について…《グズグズと楽しんだり悩んだりしているヒマはないぞとゆう歌》

　正に「その通り」だ。私たちにとって時間は、永遠には有り得ないのだから。ビートルズが「恋を抱きしめよう」で歌う通り、人生はあまりに短い。

　今号では他に、キング・クリムゾンの『レッド』や、ジョン・レノンの『心の壁、愛の橋』についても岩谷は書いている。それぞれの文章で、最も肝心だと私が思う箇所だけを記しておく。

　『レッド』について…《この「レッド」というアルバムは、私の心臓のきしる音だけを聞いて頂ければよろしいです。最後に残った音はこれしかないのです》（「KING CRIMSON RED ロックへの訣別の辞」より、36ページ）

　『レッド』は、70年代キング・クリムゾンの終焉を告げたアルバムであり、重く・暗いサウンドが全体を支配している。2曲目の「堕落天使」では、私たちが今も置かれている厳しい状況が歌われている。

　そして、最終曲「スターレス」に出て来る「スターレス・アンド・バイブル・ブラック」という歌詞は、クリムゾンのレクイエムでありまた、一切の灯りの無い闇へと落ちて行くほかない私たちの生へのレクイエムでもある。

　『心の壁、愛の橋』収録曲「愛の不毛」について…《この歌のとおり、「人は、ダメになっている時にこそ愛が必要なのに、みんなが金であくせくしている今の世の中では、そういう、本当に愛を必要としている人が見捨てられてしまう」のである》（「ジョンはまだ（永遠に）私達を必要としている」より、48ページ）

ジョンの『心の壁、愛の橋』は、彼の抱く悲しみに心がどうしようもなく惹かれてしまうアルバムだが、特に最終曲「愛の不毛」は身につまされる。…死んだときようやく愛される―なんて、悲しいことだろう。

第15号（1975年3月号）

　6ページからの「ロック異説集」（目次には「ロック共に生きる」とあるが。なお「ロック共に生きる」は原文のママ）の中に、ボウイの名前が何回か出て来る。

《夢をもったがために ここでの生を閉じられた（ボウイ）という認識だってあるんだ》（8ページ）

　「時間」という曲の歌詞の一節だが、ここでは、小野洋子の「夢をもとう」という言葉と対比して使われている。

《EL&Pもデビッド・ボウイも、言葉の本来的な意味で、非常にすぐれた「クリティーク」である、と（高柳中、ロバート・フリップは）言った》（14ページ）

《一人でカッコ良くやるより、みんなで一緒におびえていた方がずっといい（ボウイ＝ディランに捧げる歌）》（15ページ）

　両方とも、キング・クリムゾンのリーダー、ロバート・フリップに関する文章の中に出て来るのだが、「クリティーク」（critique）とは、評価・検討・判断を行うことであり、批評や評論の意味である。そして岩谷は、17ページで、クリムゾンやボウイは現代最高のクリティークと言っている。

　この「ロック異説集」の中で、特に私が重要だと思うのは以下の箇所である。

《流行歌はあきらめている。ロックは夢を捨てきれない》（6ページ）

　ロックが抱いた夢とは、例えばジョン・レノンの「イマジン」である。アルバム『ジョンの魂』で、"夢は終った"と歌ったジョンだが、次作『イマジン』の表

題曲で、ジョンはまた、夢を見ようとした。ビートルズ以上に大きな夢を。そのことが、私をひたすら感動させる。

《ロバート・フリップは、ファースト・アルバムで「歴史が崩壊点に達している」「もう確固たるものを持とうなどという卑しい根性は完全に捨てよ＝コンフュージョン・ウィル・ビー・マイ・エピタフ」と言ってのけた（後略）》（17ページ）

「歴史が崩壊点に達している」という言葉が、当時の私にどれほどの衝撃を与えたか、言葉にするのは難しいが、絶望感と同時に、「では、どうしたらいいのか」と、新たな展望を抱く必要性に駆られたことだけは確かだ。

今号の架空インタビューでは、ロバート・フリップに岩谷は（例によって無記名だが、まず間違いないだろう）、次のように語らせている。

《(高柳注、アルバム『暗黒の世界』の原題であり、アルバム『レッド』の最終曲「スターレス」にも出て来る「スターレス・アンド・バイブル・ブラック」とはどういう意味なのか、という問いに対して)「スターレスというのは、今、私達は星の輝きすらない闇、ひとかけらの希望もないような完璧な闇に生きている。しかし、実は、それはまだ開かれていない聖書の表紙のブラックなのだ、という事。」》（25ページ）

しかし、今日においても、その新しい聖書は、まだ開かれていない。どころか、表紙すら見えない（見つけたと思ってその表紙を開いたら、中は白紙だった…という悪夢をたまに見る）。

ビートルズは「レット・イット・ビー」で、"夜が暗い闇に覆われても、僕のもとにはなお一条の光が届く"と歌ったが、クリムゾンは、「それは、希望的観測に過ぎず、現実の世に、私たちを照らす光は、一条さえもない」と言い切った。

最後に、35ページ（「E.L&Pの役目は終った！」より）で岩谷は、《いままでの世の中のいろんな不都合やあらずもがなの不幸や苦しみや惨劇をなくすためには、人間が人間でなくなること、(中略) すなわち、「新人類」になることだ》と

書いていることを取り上げておきたい。

　今の世で、一人一人の人間が、様々な不幸や苦しみ、惨劇に、不条理に襲われているという現状は、昔も今もこれからも、決して変わらないことなのか、そんな疑問が、私には以前からある。

　この件に関しては、「今もまだ思索中です」とだけ言っておきたい。ただ、人間が人間でなくなる日など、永遠に来はしないだろうか。このあたりの言い方が、岩谷の思想は「妄想」だと言われる由縁か。

　ただし、人類のより良き明日は、妄想と言われることを怖れない者にのみ、見えているのかもしれない。

第16号 （1975年5月号）

　アルバム『ヤング・アメリカンズ』（以前の邦題は、『ヤング・アメリカン』だった）が発売されたのに合わせ、特集ページが組まれているのだが、まずは例によって、収録曲を書いておこう。

　本号の43ページに、このアルバムの広告が載っているのだが、邦題が今とは違う。カッコ内の邦題は、この広告のものである

> A面
> 1「ヤング・アメリカンズ」（「ヤング・アメリカン」）
> 2「愛の勝利」（「ウィン（勝利）」）
> 3「ファシネイション」（「ファスシネイション（魅惑）」）
> 4「ライト」（「ライト・ウェイ」）
>
> B面
> 1「幸運の神」（「幸運の神」）
> 2「アクロス・ザ・ユニバース」（「アクロス・ザ・ユニヴァース」）
> 3「恋のささやき」（「僕の叫びが聞こえるか」）

4「フェイム」(「フェイム(名声)」)

特集の内容は、以下の通り。

12・13ページ「肯定的ロックの時代へ ヤング・アメリカン」岩谷宏

14・15ページ「訳詞◎ボウイ/ヤング・アメリカンズA面」岩谷宏(注、こちらは「アメリカンズ」になっている)

16・17ページ「DAVID LIVE」森山英子(注、こちらは『ヤング・アメリカンズ』ではなくて、『デヴィッド・ライヴ』について書かれている)

17・18ページ「誰がアラディンセインを愛するのだろう?」松村雄策(注、こちらは特に、『アラジン・セイン』について書かれている。松村は「アラディンセイン」と表記している)

岩谷は、「ヤング・アメリカンズ」「愛の勝利」「ライト」の3曲を訳出しているが、どれもやはり、ボウイの曲を聴いて感じたことを日本語にしている、すなわち、創訳と言っていいだろう。

例えば、こんな具合だ(すべて15ページより)。

《きみの傷はきみだけが知っていればよい》(「愛の勝利」)

《そして 本物の思索とは
　常にひそやかなものである》(「愛の勝利」)

《いますでに「ここ」は甘美な場所
　飛ぶがいい
　内面の旅をゆうゆうと続けるがいい》(「ライト」)

私たちは日々、内面の旅をしているのだと思う。ひそやかな心の奥底で、思索

を重ねながら。そして十分な思索のあと、行動に移るのだ。しっかりと、自信を持って。

　この2曲の訳詞に、今まで、私がどれほど励まされ・勇気づけられたことか、それは計り知れない（例によって、原詞とはかなり違っているように思われる）。

　「肯定的ロックの時代へ」からも、少し引用してみよう。

　《ぼくらが、（今の大人達のようにではなく）ひとたびある夢を抱いた者にふさわしい、新しい、トシのトリ方というものを確実に発見し得るまでは、ぼくらは、明日もあさっても、若くいつづけるしかないのである》（13ページ）

　…こんなメッセージを発してくれた人間は、今の今まで、岩谷しかいない。「新しいトシのトリ方」とは、「人間の、新しい生き方」とも言い替えられるだろう。

　せっかく与えられた命だ。どうせなら、今までの人間たちができなかったことを成し遂げたい。

　そう願う者にとってボウイとは、思想家、思索者にして実践家でもあった。

　今号では他に、47ページに「円軌道の幅」（アルバム『世界を売った男』収録曲）の訳詞も掲載されている。

　《まだ人生はこれからだという時から私は
　　なにも行動するにあたいすることが
　　見当たらず、したがって座りこんだまま
　　人間のこのような生き方を規定した何者かに
　　向かって毒づいていた》

　この社会に生まれて来た子どもたちに待っている運命は、過酷である。人の一生は、苦悩と共にあり続けている。

私たちに強いられている生き方に対し、「ノン!」を叩け付けたのがロックであった。しかし、その後の展望を、私たちは持ち得なかった。だから私たちは何もできずにただ、座り込んでいたのだ。

　《学校なんてくだらない、大人はみんな馬鹿だ、大人の世界には巻きこまれるなと、ロックンロールは、そのリズムとサウンドと生命力とをまだうけとめることができるほどに無垢な感受性をのこしたティーンエージャーに、力強く告げた》（草思社刊『回想するジョン・レノン』片岡義男訳の「訳者あとがき」より、321ページ）

　大人社会の欺瞞性を力強く告げたロックだったが、そのメッセージに気付いた子どもたちにとっては、迷惑なことだったかもしれない。

　なぜなら、頭の中で現実の社会を否定することはできても、その社会から逃れることは誰にもできなかったから。この社会は、非人間的に過ぎる―確かにそうなのだが、間違った社会を変革する力を、誰も持ってはいなかった。

　そして今日、ロックのメッセージに触れた子どもたちはどうなっているのか。例えば私は、毎日苦しい仕事をこなしながら、社会の片隅で、細々と生きながらえているだけである。

　前述の「訳者あとがき」の中で片岡義男は、「馬鹿な大人たちが、学校ではまじめに勉強し、卒業したら職を得てせっせと働くという生き方を、子どもたちに強制している」という意味のことも書いている（319ページ。引用ではなく、私なりに解釈して書き直しているので、《》は使っていない）。

　金が無ければ1日たりとて生きて行けない私たちは結局、この強制に従うほかないのだ。過去がそうだったように、今日も明日も、未来永劫に。

　…こんな現状は地獄でしかない。せめて一人でも多くの人に、金が支配するこの世は地獄だと気が付いて欲しい。私にできることはただ、そう願うことだけだ。

岩谷は今号の57ページで、次のような夢を書いている。

《テレビやラジオ等、メディアは、いまのように一方的なものでなく、私達全体の内宇宙を形成し保持するメディアとして使えるのかもしれない。（中略）貨幣制度を、なくすことだって本当はできるのかもしれない》（「クラウス・シュルツェ」に関する文章より）

テレビもラジオも出版物もネットも、今もなおすべて一方的なものだ。一方的に与えられて、金を使わされて、なのにこちらからは、何一つ意見することができないと言う…

（例えばある映画を観て、ストーリー展開におかしさを感じたとしても、作り手に対し、説明を求めることのできる回路は、どこにも無い。したがって、抱いた疑問はずっと疑問のまま、心の底に沈殿して行くだけだ。私の心の奥底には、そうやって溜め込んだ疑問が、澱となって沈殿している）

そして、53ページでは《ここは、この世は、無神経な人間がめったやたら銃弾をぶっぱなす世界だ》（「ディープ・パープル」に関する文章より）と言う。

…いつか、いつの日にか、この世界がそうでは無くなる時が来るのだろうか。《銃弾をぶっぱなす世界》というくだりは、「"ヒーローズ"」を思い出させる。

第17号 （1975年7月号）

この号ではまず、「『俺たちをヘビー・メタルだなんて言う奴はブッ殺してやる！』ジミー・ペイジ」という文章の中で、渋谷陽一がボウイについて書いているので、それを紹介しておきたい。

《ボウイは完全に言葉形のアーチストなので、僕は未だに聞き込んだ経験はない。（中略）ただロックはひとつの契機でありアジテーションである事を見据え、その一点に自分の能力をつぎ込み、最終的にはステージで殺されたいと言い切った決意は、どんな音よりロックを感じさせる》（5ページ）

渋谷陽一の、ボウイへの想いがよく分かる文章である。ボウイにとってロックをやるとは、常に生きるか死ぬかの真剣勝負だったということが伝わってくる。ただし、いろいろと調べてみた結果、ボウイは「ステージの上で殺されたい」という願望を口にした訳ではなく、どうやら、「ステージの上で殺されるのではないか」という怯えを言ったに過ぎないようだ（完全には確認できていない）。

　確かに日本ならいざ知らず、海外で「ステージの上で殺されたい」と発言するのは、あまりに危険な行為だろう。中には、真に受ける者もいるだろうから（実際に、ジョン・レノンは射殺されてしまった!）。

　では次に、岩谷の文章に移ろう。最初はボウイではなく、エマーソン・レイク&パーマーに関する文章から。

　《もっともらしく学校へ生き、もっともらしく受験して、もっともらしく就職して、もっともらしく大人になる。(中略) テレビやラジオや新聞はいつも一方的にもっともらしい番組やニュースを流す。映画やレコードや雑誌は、いかにももっともらしく身づくろいして、うっかり者のおれたちをたぶらかそうとする。(後略)》(グレッグ・レイク「CONFUSION WILL BE MY EPITAPH」7ページ)

　当時高校生だった私に、岩谷の文章は、それまで当然のこととして受け止めていたいろいろなことに、〝疑問を持つことの必要性〟を教えてくれた。

　「CONFUSION 〜」とは、言うまでもなくキング・クリムゾンの名曲「エピタフ」の歌詞の一部だが、学校→受験→上の学校→就職という、決まりきった人生パターンに対する疑惑と、映画・レコード・雑誌等、マス・メディアに踊らされている現状への空しさを、岩谷は訴えているようだ。

　ジョン・レノンのアルバム『ジョンの魂』収録曲「労働者階級の英雄」(邦題は「ワーキング・クラス・ヒーロー (労働階級の英雄)」だが、やはりここは「労働階級」ではなく、「労働者階級」とすべきだろう) ではジョンも、学校→就職という人生コースに疑問を投げ掛けていて、〝奴らは君が利口だと憎み、馬鹿なら軽蔑する〟という、学校教育、ひいては現代社会全般への痛切な批判を込めた

一節もある。

　70年代、学校と家庭、社会に息苦しさを覚えていた子どもたちが、ロックのメッセージに影響を受けたのは当然だろう。

　なぜなら、自分たちにとって最も切実な問題に、真に応えてくれたのはロックと、ロックに影響を受けた日本の若者たちが作った『RO』だけだったのだから。

　渋谷の文章以外に、今号でボウイの名前が出て来るのは、あと、おそらく岩谷の手によるものだろうブライアン・フェリーの架空インタビューの中である。なお、「R」は「RO」、「F」はフェリーのこと。

　《R「貴方やボウイの場合は、ロックの本質に対して責任をとろうという姿勢がある」》(26ページ)

　《F「12月に来るときには私も一昨年のボウイみたいに、見当はずれのオカシナ宣伝のされかたや紹介のされかたをしそうですな。」》(28ページ。"しそう"は"されそう"の間違いだろうか?)

　ボウイが来日したときのどれがどう、見当はずれの宣伝や紹介だったのか、当時を知らない私には、具体的には何のことか分からない。

　最後に、岩谷は48ページで、《ぼくらのただひとつの義務は、今、安心する義務》(「ひたすら」より)と書いていることを付け加えておきたい。

　昔も今も、私のただ一つの願いは、「安心したい」ということだけだ。

　《もう永久に夜明けには至り着かぬこの
　　夜を
　　私と共につっ走ってくれるか最後まで》(ロキシー・ミュージック「The Thrill Of It All」訳詞、31ページ)

「The Thrill Of It All」は、ロキシー・ミュージック、1974年のアルバム『カントリー・ライフ』（通算4枚目）の冒頭を飾る曲。邦題は「ザ・スリル・オブ・イット・オール」で、原題をカタカナにしただけ。

この訳詩からは、ジョン・レノンの「真夜中を突っ走れ」を思い出す。

今もまだ、私たちは夜明けの見えぬ、真夜中の只中を生きている。

第18号 (1975年10月号)

表紙はボウイなのだが、メインの特集はピンク・フロイドのアルバム『炎〜あなたがここにいてほしい』であり、ボウイの名前が出て来るのは44ページ、「魂の愛」の訳詞くらいである。

なので、本号では一つだけ、ボウイとの直接な関係は無いが、特に重要と私に思われる岩谷の文章だけ引用しておこう。

《人と人とが諸制度や諸前提によって心ならずもへだてられて生きている今の社会になんらかの喜ばしい「短絡」を生じさせて行くこと。ロックの創意とはこういう事であり、したがってロックとは音楽ばかりではない》（60ページ、「究極のラブソング」より）

ロックとは、ロックを聴くという行為そのものではなく、ロックによって育んだ精神を、現実世界でどう活かすかの方がより重要だと思うことだった。

第19号 (1975年12月号)

この号にも、特にボウイに関する文章は無い。岩谷は18〜20ページで、レッド・ツェッペリンの曲をいくつか訳しているが、どの訳詞（訳詩）も、極めて感動的であるとだけ、書いておこう。

その他、岩谷は55ページで10CCのアルバム『オリジナル・サウンドトラック』

のレビューを書いている。

《ロックが、ショー・ビジネスという、一種の売春業であることへのうしろめたさ》《少年期の映画館通いの体験については、だれでもある種のコンプレックスを抱いているだろう（後略）》

未だに映画館通いを続けている私など、岩谷からすれば、「永遠に救われない人」だろう。

「映画」に関しては、太宰治の「弱者の糧」（新潮文庫『もの思う葦』所収）を紹介しておく。

《私が映画館に行く時は、よっぽど疲れている時である。心の弱っている時である》（140ページ）

私の心は、ずっと疲れている。弱っている。

あとは、渋谷陽一の「否定の彼方にあるもの」について書いておきたい。

《僕たちはあるがままの生をうけいれて生きていけるだろうか。無論そんなことはできやしない》《僕たちの不幸は、僕達が想像力を持った時から始まったといえる》（35ページ）

渋谷の言葉を私なりに言い換えるなら、〝言葉を創造したこと、考える力を持ってしまったことが、人間のすべての不幸の始まりだった〟、となる。

人生が苦しいのも辛いのも、〝自分は不幸だ〟と思うのも、すべて、人間が〝考える力〟を持ってしまったからではないか。

1976年

第20号 （1976年1月号）

　表紙は丸眼鏡をかけたジョン・レノンで、極めてインテリ風に見える。今号の目玉は、滑川海彦による、「「追悼キング・クリムゾン『太陽と戦慄』以降全訳詩」（7〜9ページ）だろう。訳されている曲は、以下の通り。カッコ内は、日本のレコード会社が付けた邦題である。

①「スターレス」（アルバム『レッド』より「暗黒」）
②「夜警」（アルバム『暗黒の世界』より「夜を支配する人」）
③「大ペテン師」（アルバム『暗黒の世界』より「偉大なる詐欺師」）
④「フォールン・エンジェル」（アルバム『レッド』より「堕落天使」）
⑤「悪夢は血の色」（アルバム『レッド』より「再び赤い悪夢」）
⑥「あぶく銭」（アルバム『太陽と戦慄』より「イージー・マネー」）
⑦「放浪者」（アルバム『太陽と戦慄』より「放浪者」）

　どの曲も、ロックの歴史に永遠に刻まれるべき、超名曲だと思う。「堕落天使」で歌われる殺伐とした都市の描写は、私たちの、たえず胸元にナイフを突き付けられているような生活の有り様を、見事に表しているし、「イージー・マネー」では、金というものの欺瞞性を歌っている。

　さて、あとは岩谷の文章をみて行こう。

　「ロックの歴史意識について ボウイもピンク・フロイドも所詮ガイジンだ、という話」（10・11ページ）

　《ボウイのパフォーマンスからも、フェリーの〝声〟からも、まっさきに感じるのは「強迫観念」である》（10ページ）

　ボウイやグレッグ・レイクは、《自分の抱えている大きな不安や恐怖を表現の動力にしている》とも書かれているが、その通りだと思う。

ボウイの音楽の根本にあるのは不安や恐怖であり、その不安や恐怖に共鳴した人が、ボウイを聴き続けるようになったのではないか。

　ピンク・フロイドのアルバム『炎～あなたがここにいてほしい』で、私が唯一共感した歌詞は「あなたがここにいてほしい」という曲の中の、"そして見つけたのは、昔と変わらぬ恐怖のみ"というラインである。

　すべての人が、不安や恐怖、生きる苦しみから解放されて欲しいと私は願うが、現状を見る限り、そんな日は永遠に来ないと思わざるを得ない。

「感動の巨編!!シレーネ★ロキシー・ミュージック」（38・39ページ。高柳注、「シレーネとは、アルバム『サイレン』のこと）

　ボウイに関する文章ではないが、どうしても紹介しておきたい一文がある。

《日本の社会に、近代欧米型の社会的戦争が大はばに導入されて30年経った》

　社会的戦争とは、私たちが今も強いられている経済競争のことだろうか。学校において、テストの点数等で生徒を序列化することも、企業において、様々な手段で社員を選別することも、結局は私たちを経済競争という名の戦争に駆り立てるための手段に過ぎない。

　すなわち今の社会は、人間の命の価値に平気で優劣を付ける、残酷な社会である。

　学校によって、生まれて来た子どもたちは、支配する側と、支配される側とに分け隔てられて行く。支配する側にも、支配される側にも成りたくない人間のために、例えばロックがあった（と70年代には思っていたが、結局はロックも商業社会から提供された商品に過ぎなかったと私が真に気づいたのは、80年代に入ってからである）。

「年頭の特集◎オールスター顔見世」

　無署名だが、内容からして、書いたのは岩谷だと思う。ここで取り上げられているアーティストは、以下の通りである。

　　　　ピンク・フロイド
　　　　ポール・マッカートニー
　　　　ディープ・パープル
　　　　10CC
　　　　デビッド・ボウイ
　　　　レッド・ツェッペリン
　　　　キング・クリムゾン
　　　　エマーソン・レイク&パーマー
　　　　クイーン

　前書きでは《事は、昔から変らぬ一方通行的商品社会での出来事》と書かれていて、以前からの岩谷と共通する、「商品提供者（音楽、映画、書籍、雑誌等すべて）と消費者」という一方的関係性への怒りが感じられる。

　取り上げられている全アーティストの中で、ここではやはり、ボウイについてだけ引用しておこう（すべて55ページ）。内容は、以下の通りである。

　アルバム『ヤング・アメリカンズ』収録の「キャン・ユー・ヒア・ミー」は、《昨日までの自分を踏み潰して心情を吐露》した曲と書かれている。

　《あなたは、この、私自身を聞いてきたか？（中略）あなたには、この私が確かに届いているか》という岩谷の訳詩を読むたび私は、ボウイの聴き方を反省させられる。

　《これまで起きた事、あった事、それらを踏まえて、それらを支点として、より直接的なより誠実なより強力なコミュニケーションを図っていく、というのがボウイの方法論である》-70年代のボウイは、ここまで誠実なアーティストだっ

たのだと、今、改めて思う。こんなアーティストが確かにいたのだという奇跡を思う。

　また、この「顔見世」の中には、次のような文章もある。

　《少年期ってものは貧しく淋しい体験である。心もとない生活の合間に、どっかから時々、マンガ本だの雑誌だのラジオ番組だの読物だの映画だのが、どっかから放射状に、パラパラと降って来る》（56ページ）

　コミックスにせよ、雑誌・映画・音楽・小説にせよ、結局は、私たちとは何ら関係の無い、赤の他人が作ったものだ。当時も今も、大多数の人間は、一方的に与えられる表現物を孤独に消費し、勝手な感想を述べることしかできない。この不毛を乗り越える手立ては、今もまだ無い。せめて、「不毛だと気づいてくれ」と声を上げ続けるしかないか。

　ロキシーに関する文章の中で、《この寒さは、すべからくまだ、他人事のような雑誌（含マンガ）や他人事のような音楽しかまわりにないことによる》（39ページ）と、岩谷は言う。

　（「すべからく」は本来、「当然なすべきこと」の意味なので、ここで使うのはおかしいように思うのだが、調べてみると、「すべて」という意味合いで使われることも、多くなっているようだ）

　悲しいことに、21世紀の現在も私たちの周りにあるのは、他人事のような表現ばかりではないか。

第21号 （1976年4月号）

　表紙はジミー・ページ。レッド・ツェッペリンが特集され、渋谷陽一の論文「ロックは繋がれた飛行船か」と、滑川幸彦による訳詩、岩谷の「ツェッペリンのニュー・アルバム『プレゼンス』に向けて」が掲載されている。この中で岩谷は、こんなことを書いている。

《都市化と情報化のただ中にあって、しかし「自分はさびしいんだ」と思うこと、そしてさびしいから音楽をメディアとしてほんとに仲良くなりたく思うこと——ロック以外にこんな属性をもった音楽はない。》（9ページ）

都市化と情報化が促進され続けた結果、大量の孤独者、さびしさを抱えた人たちが生まれたのだろうか。

今号では遂に、ボウイ全作品中のベスト・アルバムとも言われている『ステイション・トゥ・ステイション』（日本盤の発売は、1976年3月5日）が取り上げられている。

《多元的なボウイ作品群の中にあって「最高傑作」の冠に最も相応しいのは実はこのアルバムである》（古川貴之著『デヴィッド・ボウイ詩集 スピード・オブ・ライフ』より、206ページ。シンコーミュージック発行）

《何も明確なものがない場所に漂い、揺らぎ続けるその哲学がその音楽性、表現を圧倒的な高みにまで到達させている本作こそはまさに「究極のボウイ」と呼ぶに相応しい》（同上）

私は古川と全く同意見である。以下に、本作の収録曲を記載しておこう。私は今も、揺らぎ続け、漂い続けている。

A面
1「ステイション・トゥ・ステイション」
2「ゴールデン・イヤーズ」
3「ワード・オン・ア・ウィング」

B面
1「TVC15（ワン・ファイヴ）」
2「ステイ」
3「野性の息吹き」

以上、全6曲のうち、12・13ページに全部で4曲の訳詩が掲載されている。その4曲とは、A面1、3、B面2、3だが、興味深いのは、アルバム・タイトル曲の冒頭が《白い清純なブラウン管は/愛のみを見つめる者の大きな瞳》（12ページ）と訳されている点である。

　実は、当時の日本盤LPの歌詞カードには、〝The return of the Thin White Tube〟と掲載されていたのだ。実際には〝Tube〟ではなく"Duke"であることを、今の私たちはよく知っているのだが、当時の、歌詞が付属していない海外盤に日本側で歌詞を付けるという状況の中では、致し方無かっただろう。

　しかし、この歌詞カードの誤りによって当時私たちが、この曲を一つのメディア論として受け止められたことは、事実である。

　誤解によって実際よりも豊かな解釈をし得ることもあるのだと、「正しい対訳」に拘り過ぎる人たちに言いたいと思う。

　精霊となって、駅から駅へ、あるいは局から局へと飛び交い、「言葉」という白い矢を放ちながら、白い清純なブラウン管の上で出会い続ける-何と豊かなイメージだろうか。

　テレビというものが、一方的に「一」から「多」へと送り届けられるだけだった時代に、そうではなくなる可能性を示唆してもらったという意味で、私は単語を聞き間違えた当時の担当者に感謝したいくらいだ。決して皮肉ではなく。

　《ただ私はあなたにひざまずき　私の言葉をつばさにのせて　あなたに贈る》（A3、13ページ）-私には、あなたに伝えたいことが沢山あるのだ、だから翼に乗せ、あなたへと贈ろう、と。

　B3「野性の息吹き」について岩谷は、《「あなたが私にさわる/マンドリンが聞こえる」との一節がありますが訳出してありません。理由は英語の意味が日本語では伝われないからです》（13ページ）と書いている。

なぜ伝わらないのか、残念ながら、私には未だによく分からないのだが、「マンドリン」と聞くと、私はいつも久世光彦の小説『一九三四年冬-乱歩』（創元推理文庫）を思い出す。

　推理小説の大家、江戸川乱歩を主人公にしたフィクションなのだが、執筆に行き詰まった乱歩は麻布の長期滞在用ホテルに偽名で逗留し、ある日そこでマンドリンの音を聴く。

　《開け放した窓から、長閑なマンドリンが聞こえてくる。誰かが裏庭の方で歌っている》（73ページ）

　マンドリンの主である女性、ミセス・リーは、マンドリンを爪弾きながら、ポオの「アナベル・リー」を歌っていた。

　ポオは、「アナベル・リー」を書いて数か月後に死んだという。このことについて、久世はこう書く。

　（「アナベル・リー」の訳詩で私が一番好きなのは、水樹和佳（現・和佳子）著「海のほとりの王国で…」集英社『海のほとりの王国で…』所収に掲載された訳詩である）

　《自分の死がすぐそこに見えるときになって、ポオは少年のころの詩よりも透明な世界に、ひょいと戻っている》（82ページ）

　（ボウイの70年代のアルバムにはどれも、「観念上の死」「精神の死」というイメージが漂っていたように思うが、最終作『★ ブラックスター』を初めて聴いたとき私が感じたのは、「肉体が滅びて行く様」、すなわち「現実の死」であった。その数日後、ボウイは帰らぬ人となった）

　私が『ステイション・トゥ・ステイション』というアルバムに感じるのも、そんな、透明の世界だ。「永遠の孤独」という名の。

アルバム・ジャケットには、主演映画『地球に落ちて来た男』（1976年。ニコラス・ローグ監督作品）の一場面が使われている。このアルバムで歌っているのは、実はボウイ本人ではなく、映画の主人公、トーマス・ジェローム・ニュートン自身なのかもしれない。

　岩谷の文章に戻ろう。14・15ページには、「愛の『念力かなしばり』」と題したアルバム評が載っている。

　ロックとは、「私」は、「私」の中にとらわれている「私」としてしか生きられないことに対する「それはいやだ」と言う白人青年の発言だった、と岩谷は書く。

　しかし、このアルバムでボウイは、「もう、いやだなどと言っているヒマはない」と言っている。それは、「いやだ」という発言自体、結局は「私」的行為でしかないことに気が付いたからだ、と。

　《では、「私」的でない行為とはなにか。それはたとえば、ミュージシャンにとっては、最終的な聞き手である「あなた」を最初から完全に意識することだ》（14ページ）

　本アルバムにおける、うつろでせつないボウイの声に、「私」が、「私」としての座を失い、拡散して行く様を、岩谷は聴き取っている。

　《いきなり「白いきれいなブラウン管の上に帰ってきて」とあるのは、私達はメディアを通してしか真実の結びつきを得られぬ、ってことだ。ボウイはメディア屋さん。「ここ」の番人》（15ページ）

　改めて、歌詞カードの間違いがもたらした、幸福な誤解を思う。

　身辺のことだけで圧倒的に忙しい私たちの心は、ぽっかりと開いている。雑誌だったり書籍だったりレコード盤だったりするメディアは、《吹き荒れる私達すべての想いの紡ぎ糸》（15ページ）だ。

雑誌も映画も書籍もCDも、等々も、すべて「一方向性の病」に取りつかれた表現であろうと、私は今もそれらの表現を、日常的に必要としている。

　最終曲「野性の息吹き」のボウイの歌に岩谷は、《ギリギリの孤独から発せられた迫真と誠実と希求と…》（15ページ）を感じ取っている。

　私は、ボウイの曲には常に、迫真と誠実と希求を感じて来た。だからこそ、何十年経とうと、彼の曲は色褪せないのだ。少なくとも私にとっては。

第22号 （1976年6月号）

　表紙はクイーンのロジャー・テイラーだが、他の号より売行きが良かったらしい。

　ボウイに関する文章に入る前に、紹介しておきたい論文がある。

　3〜6ページに掲載されている、レッド・ツェッペリンのアルバム『プレゼンス』のレビューで、岩谷はこんなことを書いている。

　《結局私の場合は（それはしょうがないが）、ギターを弾きつつ、歌を歌いつつも、目はいつも、彼方を見てばかりいた、くすんだ工業都市リバプールの優秀な（?）不良少年へと心が回帰する。音楽それ自体は、決して最終目的ではなかった。そんなもの以前に、以後に、そして裡中に、いつもいつも、もっともっともどかしいものがあった。そして、そのことを偽らなかった》（5ページ）

　リバプールの優秀な不良少年とは、言うまでもなく、ビートルズのことである。岩谷が言う、《もっともっともどかしいもの》を抱えていたのは、ビートルズだけでなく、リスナーである若き者たちも同様だったのだ。

　今号には、キッスとボウイの架空インタビューが掲載されている。ボウイは60〜62ページで、以下の3つに分かれている（「R」は"RO"、「B」はボウイのこと）。

① 「スター」の存在意義について

《R＝さて、スターの存在が宗教や独裁政治と根本的に異なる点は何だろうか。

　B＝スターはそれ自身の教義を持たない。したがって神を持たない。またスターは命令しない、支配しない、管理しない》（60ページ）

　当時の『RO』誌の主要な読者像は、中・高校生だっただろう。彼らのほとんどは、日常の場では命令される側・管理される側・支配される側にいた。彼らを支配していたのはもちろん、教師であり、親である。

　そして、社会人となって企業等で働くとき、支配者は上司に取って代わる。企業とは支配の体系であり、労働者であれば、上司に逆らうことは不可能だ。何故なら、「金が無ければ一日足りとて生きて行けない」という現実の前では、賃金奴隷となるほかないから。

　このような状況の中にあって、命令しない・支配しない・管理しない「スター」という存在を、多くの人が必要とするのは当然である。

《B＝純粋な「スター」の光源はオーディエンスです。だから、「スター」は、鏡の破片のようなものです》（同）

《R＝スターは何をするのか。
　B＝鏡として、曇りやゆがみのないよう、極力、自分を研磨することと、その鏡を、みんなが見易いように高く打ち上げることです》（同）

　2014年に発売されたベスト盤『ナッシング・ハズ・チェンジド』には、様々な編集盤があるが、どれも共通していたのは、ジャケットが「鏡を見つめるボウイ」だったこと。ボウイは、インタビューの中で、「自分は壊れた鏡」だと答えたこともある（申し訳ないが、今、そのインタビューが掲載された雑誌がどうしても見つからないので、詳しくは書けない。だが、こうボウイが発言したことは、間違いないはずだ）。

《B＝（前略）むしろ人間個々がそれぞれ、その孤独のうちに持っている純粋な抽象性こそが具体的なものなのであって、（後略）》

　人間が存在する、とはどういうことなのかと思ってしまう。人間個々の、純粋な孤独、抽象性なるものを大事にするどころか、疎かにすること、迫害することしかできない今の社会に生まれて来ることは、どう考えても不幸だとしか言いようがない。

　①「メディア」の可能性について

《B＝いずれにせよ私は、既存性、習俗性をすっかり奪われた者、あるいはすっかり否定・刺殺してしまった者としてロックンロール〝スイサイド〟と規定したのです》（61・62ページ）

　アルバム『ジギー・スターダスト』の最後に立ち現れる存在、それが"ロックを聴く自殺者"だ。不幸を抱えた私たちが、それでも生きていかなければならないとしたら、そのような者たちを結び付け得るメディアが、どうしても必要だろう。

　②「ステイション・トゥ・ステイション」について

《B＝（前略）コミュニケートできる空間があればその空間が白くてクリーンなブラウン管なのです》（62ページ）

《B＝（前略）私達は、本来的な、地味な、孤独な、清純な、優しさだけを見つめていればいいのです》（62ページ）

《B＝空はぬけるように青く、光はすみずみまでゆきわたり、毎日、毎日は、それぞれ幼児のように若く、いつもこのうえなく心もとない…》（62ページ）

　『ステイション・トゥ・ステイション』というアルバムは、私にとっては今も（どのような悲しみの中にあっても）、ボウイが、一人一人の人間の、孤独感、清純さ、

優しさを見つめている作品だ。私たちの存在の不幸と向き合い、それでも「生きている今は、『ゴールデン・イヤーズ』だ」と、宣言してくれるボウイに、私は何度も救われて来た。

　架空インタビューの次に掲載されているのが、「［附録］StoSの極私的解釈」である。

　アルバム収録曲全5曲に対して、それぞれ歌詞の1部を引用し、私的な解釈が施されているのだが、例えばこんな調子である。

　《B③love me,love me,say you do 判断などしてほしくないし、「解釈」などしてほしくないし、「批判」もまっぴらだけど、やけに感心されるのもまっぴら。いつも、あたしはあなたに本気でたわむれをかけているだけのこと（後略）》(63ページ)

　B③の曲名は「野性の息吹」だ。

　小説でも音楽でも映画でもいい、私たちはそれらを読んだり聴いたり観たりするたびに、その都度、その作品を「評価」してしまう。自分の解釈で、点数を付けたりしてしまう。

　（ネット上で、ほとんどの映画レビュー・サイトが、星いくつでその映画を評価することを当然としている状況は、私には理解できない。星3つにするか、4つにするか、一つの作品に対して、そう簡単に割り切れるものだろうか?)

　そういった、私たちが普段当たり前のようにしている行為に対して、岩谷は、ボウイは、「嫌だ」と言う。その想いは、あまりに切実だ。

　《B②Stay this time そうです。読ませ（聞かせ）たいのではないのです。一緒に居たい、と切に願っているだけなのです。（中略）居てほしい。それだけ》(63ページ)

「ステイ」というシンプルな曲名に込められたメッセージを、ただ私は、真摯に受け止めたいと思う。雑誌もCDもLPも商品である以上、「売れなければ成立しない」という枷を嵌められている訳だが、70年代という時代に、こんなことを願った書き手が、アーティストがいたことを、私は沢山の人に知ってもらいたくてたまらない。

第23号 （1976年8月号）

　表紙は、エアロスミスのスティーヴン・タイラー。ボウイの名前は、パブロフズ・ドッグのアルバム『条件反射』のレビューの中に出て来る。

　《あちらのアーティストについては、ジョン・レノンやボウイを中心に、あと、ほんの2～3の人のやることを注視しとけばよい、と思っている》《ほんとはこれからは、音楽家やレコードのことについてではなく、もっと具体的ないろんな問題について書いていきたい》（32ページ）

　こんな文章からも、岩谷にとってロックの中心は、ボウイやジョン・レノンだったことが分かるが、それにも増して重視すべきは、音楽やレコードのことではなく、具体的な問題について語り合って行きたいという、岩谷の姿勢だ。

　残念なことに、今日にあっても、具体的な問題を、具体的に語り合える場というのは、マス・メディアの中にはどこにも無い。

　一人一人の人間は、それぞれ、苦しみ・悩みを抱えているはずだが、誰にも相談できないまま、という人が多いのではないか。

第24号 （1976年10月号）

　表紙はキッス。表紙右横には「SPECIAL FEATURE」とあって、エマーソン・レイク＆パーマー、クイーン、ボウイ、エリック・クラプトンと続く。

　早速、中身を見て行こう。

「インストゥルメンタル・シングルをめぐって キース・エマーソンの末路」（18・19ページ）

キース・エマーソンのシングル盤「ホンキー・トンク・トレイン・ブルース」に関するレビューだが、途中でボウイの名前が出て来る箇所が、一つだけある。

《音楽表現と、それを支える思想とは、これまでのところ、ごく即自的な、つまり無意識・無自覚な結びつきしかしていない（ボウイあたりにはかなり意識化の萌芽が見られるが）》（19ページ）

音楽を支える思想に対し自覚的であることを、岩谷は望んだ。

「デビッド・ボウイのベスト盤が出た『チェンジズ』とはなにか」（46・47ページ）

ベスト盤とは、『魅せられし変容』（CHANGESONEBOWIE）のこと。

収録曲

A面
1「スペイス・オデイティ」
2「ジョン、アイム・オンリー・ダンシング」
3「チェンジズ」
4「ジギー・スターダスト」
5「サフラゲット・シティ」
6「ジーン・ジニー」

B面
1「ダイアモンドの犬」
2「愛しき反抗」
3「ヤング・アメリカンズ」
4「フェイム」

5「ゴールデン・イヤーズ」

　A面2曲目の「ジョン、アイム・オンリー・ダンシング」について、《これは『ジョンの魂』というきつ〜いアルバムを出した頃のジョン・レノンに対するさらにきつ〜い反歌ではないか、と思って聞くと面白い》（46ページ）と岩谷は書くが、確かに、「僕はビートルズを信じない」と歌ったジョンに対して、「いや、僕は踊っているだけだよ」と答えるのは、相当にキツイ対応だろう。

　（『ジョンの魂』は、私が初めて聴いたロックのアルバムである）

　岩谷は《ただし、この憶測は当ってないかもしれない》と続けるが、私たち聴き手にはそう解釈する自由だけは許されているはずだ。

　ここで他に引用しておきたいのは、次の文章である。

　《（出版ビジネスとは）珍しい新しいニュースなり情報なり知識なりでっちあげなりを、都会→田舎へ流す、ってことで成り立っていた商売です》（47ページ）

　なんで出版社はやたら東京に集中しているのか、その理由がよく分かる文章だ（もちろん、皮肉で書いている）。

　また、映画『地球に落ちて来た男』にも触れられている。

　《私は原作は読んだけど、愚かなる地球人を救おうとしてやって来た宇宙人が、しまいにはアル中になって落ちぶれてしまうという、もう、実に落ち込んだストーリー》（46ページ）

　（「地球人を救おうとしてやって来た宇宙人」というのは、実際の映画とは違う）

　現在はデヴィッド・ボウイ映画出演の代表作として認知されているこの映画が、初めての公開時にはどう評価されたのか、興味がある。

今号において他に注目したい記事は、ボウイではないが、25ページの「間違いだらけの宇宙論」である。

　《ひとつの同じ空間を、いくつもの宇宙が、〝共同活用〟していて、たまたま私達に見えるのはその中のたったひとつだけ》

　そして岩谷は、《私はあなたを純粋な「他者」として、つまり私とは別の宇宙の宇宙人として、よろこばしく認められるのではないか》と書く。

　生の意味も死の意味も、それらを十分に知るには、今の人間に与えられた寿命では短すぎる。そう思うと、私の精神は絶望感に支配されそうになるのだが、岩谷のように考えることが、一つの救いにはなるかもしれない。

第25号 (1976年12月号)

　本号において、岩谷はボウイを語っていない。岩谷が書いているのはまず、ボブ・マーリーのアルバム『ラスタマン・ヴァイブレーション』について、である（「RO式・保健の時間」。

　《馬鹿と気違いが相変わらずこの世を席捲しようとしている中で、しかし私達は生きねばならないわけで、記者「あなたの希望は?夢は?」ボブ・マーレイ「生きていたいだけです》（22ページ）

　《それは弱者の、切り離された者の、抽象性の、抽象性の果てに自分自身を見つめ抽象的な他者を恋うる音楽である》（23ページ）

　『鬼滅の刃』で「なぜ自分が人よりも強く生まれたのかわかりますか」「弱き人を助けるためです」（集英社ジャンプコミックス第8巻、57ページ）という言葉を読んだとき、私は「何て傲岸な言葉だろう」と思った。ではいったい、「弱き人」は何のために生まれて来たのか。強き者に守られるためだ、とでもいうのか? 強き者（＝肉体的に）の存在に、価値を与えるためだとでもいうのか?

私がロックを聴き続けて来たのは、それが、弱き者が必死になって、切実に他者を求め恋うる音楽だったからに他ならない。

　私なら、「弱き人を助けるためです」などとは口が裂けても言えない。いやそもそも、「なぜ自分は〜」と問うことすらしない。

1977年

第26号（1977年2月号）

　私がリアル・タイムで読んだ、初めての『RO』である。今にして思えば、やはり運命だったのだろう。当時高校1年生だった私が、学校帰りに毎日寄っていた書店で、本誌に出会ったのは。

　今号にボウイの名前が出て来るのは、キング・クリムゾンについて書かれた文章の中で、である。

　「特集キング・クリムゾン プログレッシブ・ロックの墓碑銘」（4〜9ページ）の中で、岩谷はこんなタイトルの文章を書いている。

　「クリムゾンはあなたの強さの硬い中心になるだろう ロックが〝プログレッス〟したんだったら今度は私達がする番だ」、このタイトルに、高校生だった私は強烈に惹かれた。

　プログレッス（progressive）、すなわち、進化すること、前進すること。

　それは、悩み苦しむ高校生にとって、どれだけ福音であったことだろう。私が、私たちこそが、来るべき時代に備えて、進化していかなくてはいけない。

　この文章は、学校批判から始まる。

《『教育』は、自分の興味・関心・問題意識にもとづいて、自分に対して行っていくものであり、その際、利用できそうな人や物や資料を利用するのである。これまでの学校制度が、いかに大々的にアホなものであり、人間の心と頭脳と肉体の成長に対する許し難い罪悪であるか（後略）》（5ページ）

　私は学校教育否定論者だが、そうなった端緒は、この文章を読んだことにある。学校批判を行うことが本書の目的ではないのでここでは詳しく書かないが、学校問題を考えるうえでいろんなヒントを与えてくれる書物として、『学校問答』（なだいなだ著 中公新書 昭和52年12月20日初版）を挙げておきたい。すでに絶版だが、教育について考えたい人なら、古書店巡りをしてでも探し出す価値は、現在においても十分あるだろう。

　ここでは、一か所だけ引用しておこう。

　《「今の高校や大学は、農民や労働者に誇りを与えるようなものではなかった。逆にむしろそれを奪ってきたんです。劣等感を植えつけてきたんです」「今の学校は、受験競争の敗北者が、あるいはそれからの脱落者が、農民や労働者だと、労働者や農民に思いこませるところなんですよ」》（88ページ。他者との会話という形式の本なので、「」を付けている）

　（2022年に公開された映画『教育と愛国』の斉加尚代監督は、「教育とは誰のものか」と問う。少なくとも学校において、教育が子どもたちのものではないことは自明だろう。学校教育によって、子どもたちを「自分たちの言うことに絶対服従する、従順な操り人形に仕立て上げよう」としている者たちのものだ）

　岩谷の文章に戻ろう。

　キング・クリムゾンは、今も人気の高いプログレッシブ・ロックのグループだが、岩谷はこんなふうに書いている。

　《（前略）クリムゾンでたたきつけるのは（中略）、これまでの人間、歴史、社会を貫く一つの基本理念に対する批判・否定であり、この基本理念の正体を見す

えたときの、私達の恐怖、悲嘆であり、かつ、静謐な（なんとなく中世的な）理想郷のイメージである》（5ページ）

「たかがロックにそんなことを表現できるのか」と疑問を持たれるだろうが、たとえばファースト・アルバム『クリムゾン・キングの宮殿』に収録されている「エピタフ」を聴いてもらえれば、決して岩谷の妄想ではないことが、分かっていただけるだろう。

（ロッキング・オン刊『ロック訳詩集 世紀末解體新書 エピタフ叢書第一回』の66ページで、「エピタフ」を、岩谷はこう訳した。全文を掲載するのは無理なので、一部の引用に止めざるを得ないのが残念でならないほど、卓越した「詩」である。以下は、「知識は残酷な友人」と歌われているラインの、岩谷による訳である。この内容には、誰もが肯いてくれることだろう。

《知識は
　階層体系のできるだけ上部に上がるための
　あるいは階層体系自身をできるだけ
　強固にするための
　それは一つの武器 であった》）

そして、ボウイの名前が出て来るのが、次の文章である。

《ディヴィッド・ボウイーというアーチストは、細身の、刀身は玉鋼製の、刃先はダイヤモンド製の、ナイフのような芽であった。この場合は否定と肯定とが純度の高い融合を起こし、一つの合金になってるようなものである》（6ページ）

ボウイという名前はボウイ・ナイフ（大型の鞘付きナイフ）から取られていることは有名な話だが、70年代ボウイの表現の、鋭さ、深さは、ナイフを自称するに相応しい。

玉鋼とは日本刀の材料として使われたようで、これもまた、ナイフと同じく、ボウイの鋭さを表すに相応しいものだろう。

この文章から私が想起するのは、アルバム『アラジン・セイン』の内ジャケットに写っている、痩せて研ぎ澄まされたボウイのヴィジュアルである。

　クリムゾンは、そしてボウイは、'60年代後半から'70年代にかけて、この世界に、否定のナイフを突き付けた。

　それは、それまでの歴史に対して「ノン!」を叩きつけるためであったが、その根底には、来るべき世界において、肯定性を獲得したいという願いがあった。

　《否定は肯定のための行為である》《キング・クリムゾンはしたがって、ものごとを曖昧にしておくとロクなことにはならないよと教えてくれる。人間ひとりひとりは確かに素晴らしいのだが、そのままで、つまり思想的な努力やそれに続く行動的努力なしに安易に肯定され得るのでない、と、暗に教えてくれる》(6ページ)

　岩谷が本論で展開している否定と肯定の問題について、もしかしたら私はまだ、十分に理解できていないのかもしれない。なので、これからも考え続けて行くことにしたい。

　こんな文章を読むと、当時の岩谷にとってロックとは単なる音楽ではなく思想であり、ボウイとクリムゾンこそ、その代表格であったと考えていたことがはっきりと分かる。

　しかし、やはりそんな状態のままアーティストを続けていたら、ボウイは早晩、命を落とすしか無くなっていただろう。ビルの屋上からジャンプし続けるような、そんな表現活動をずっと続けていたら、ボウイはもっと短命だっただろう(クリムゾンはアルバム『レッド』を最後に、いちおうの終着点に至ったが、バンドではなく個人として活動するボウイに、「解散」という手は使えない)。

　80年代以降のボウイを、岩谷は「日和った」と思っているかもしれないが、そう思うことは、ボウイに対してあまりに酷だと、私は思う。

むしろ、アルバム『レッツ・ダンス』で世界的大スターに見事変身を遂げたことに、私は限りない賞賛を送りたい。

なお、この特集には竹場元彦（たけばゆきひこ）が「宮殿を去ったキング・クリムゾン」という文章を寄せている。

この中で竹場は、岩谷が以前書いた《ロックは諸々の悪質な幻想の小部屋から、静かな絶望の大広間へと集うこと》という言葉を紹介している（9ページ）。

（竹場氏は、2018年に亡くなられた。謹んで、ご冥福をお祈りする）

また、ボウイとの直接の関連は無いが、この号には岩谷の文章で、どうしても紹介しておきたいものがある。

以下に引用してみよう。

《往往にして、あるいはうちひしがれ、あるいはおとなしい羊となり、あるいは頑固狭量になっていくものに対して、原初のたよりなさ、はつらつさ、輝きを失うまいとする抵抗の姿勢こそが、人を歴史の泥沼から少しずつでも救って行く》（「さまざまな方角からの音楽論① ❼若いこと」より、23ページ）

これは、初めて読んだときから今日に至るまで、ずっと私を支え続けてくれた言葉だ。私はこの抵抗の姿勢を、今後も持ち続けて行きたい。

最後に、31ページで橘川幸夫が《今世紀最大にして最強の思想者であり実践者であるデビッド氏（後略)》と書いていることを付け加えておきたい。

（同じ雑誌の中でも、ボウイの表記が統一されていなかったことが分かる）

第27号（1977年4月号）

遂に、27号に至った。

私がボウイを聴くようになったきっかけは、この号にある。今に至るすべての始まりであり、私の原点だ。

　『RO』誌はその後も継続して発行され続け、私は今も特集によっては買い求めている。しかし、第27号ほど思い入れの深い号は、他に存在しない、存在し得ない。

　私の個人的な思い入れとは別に、この号が「凄い」と思うのは、取り上げられているアルバムの豪華さである。

　ピンク・フロイド『アニマルズ』
　EL&P『ワークス』

　そして、ボウイの『ロウ』だ。

　フロイドの『アニマルズ』に関しては岩谷が解説しているので、少し触れておこう。

　豚を「搾取階級」、犬は「苦悩するプロレタリアート」、羊を「階級意識に目覚めない、おとなしいプロレタリアート」とし、現代社会を批評したアルバムであるが、岩谷はこう書いている。

　《(前略) 貨幣というものを、本来、人と人との間にあり得べからざるものとして考察して行くことによってこのときの私は、日々、貨幣制度に打ちひしがれている私ではなく、それを越えようとしている私として立ち現われ、そのような私としてあなたとコミュニケートしたいと欲しているのである》(7ページ)

　人間を「豚」「犬」「羊」として戯画化することの背景には、階級闘争の中心に貨幣があると、フロイドのメンバーが考えていたことがあるだろう。

　私たちの生活は、いつの間にか「貨幣」に振り回されるものになってしまったが、生活に必要なもののほとんどを貨幣で購入しなければ生きていけない今の社

会は、地獄としか言いようがない。

　1日の時間のほとんどを仕事人間として企業に捧げ、残りの時間のほぼすべてを消費者として生きざるを得ない私たちは、あまりに不幸なのではないか。

　その不幸を超克したいという願いからこのアルバムは制作されたのだろうと思うが、アルバムが発表されてから40年以上経った現在も、私たちは貨幣に振り回される人生に追われている。

　どうしたら、貨幣制度に打ちひしがれている私たちが、その状況を超えることができるか、それを考えることが、私の思想的課題の一つである。

　（『アニマルズ』は、2022年にリミックス盤が発売された）

　では、ボウイの『ロウ』（日本盤は、1977年2月25日発売）に移ろう。

　収録曲は、以下の通りである。

　　A面
　　1「スピード・オブ・ライフ」
　　2「壊れた鏡」
　　3「ホワット・イン・ザ・ワールド」
　　4「ビー・マイ・ワイフ」
　　5「ニュー・キャリア・イン・ニュー・タウン」

　　B面
　　1「ワルシャワの幻想」
　　2「アートの時代」
　　3「嘆きの壁」
　　4「サブタレニアンズ」　※「サブテラニアンズ」と表記されることもある。

　今に至るも、ボウイの長い創作活動において最もエポック・メイキングだった

作品『ロウ』を解説するに当たり、岩谷はこう題した。

「共に生きること（共生）への願い DAVID BOWIE NEW ALBUM LOW」と。

孤独な高校生だった私が、「誰かと共に生きたい」と誰よりも強く願っていた私が、このタイトルにどれだけ強く惹かれたか、皆さんに分かってもらえるだろうか。

《運動の方向性として時間があって、しかし、その時間に乗せられている私とは、いつも、もやっとした〝停滞〟である》《デイヴィッド・ボウイは旧いタイプのロック・スターではない。つまり私達の（どこを向いてるのか分らない）〝方向性の代理人〟ではない。彼は、言うなれば、ステイする人、このとどまりの中にとどまる人、とどまったまま私達に呼びかけている人、である》（47ページ）

時間に乗せられている私たちは、いつももやっとしたとどまりだ、という岩谷の考え方は、私には、実によく分かる。

目には見えぬ時間の流れを意識したとしても人は、自分は、同じところにずっととどまっているに過ぎないという感覚は、今も私の中にある。

…そんな私が、「ボウイとは、とどまったまま、私たちに呼び掛けている人だ」と言われて、興味を惹かれないはずがなかったのだ。

ボウイはこの後も亡くなるまで創作を続けて行った訳だが、彼は最後まで私にとって、「とどまりの中にとどまる人」「とどまったまま私たちに呼びかけている人」であった。

そうあり続けてくれたボウイに、私は感謝しかない

なお「ステイ」とはもちろん、前作『ステイション・トゥ・ステイション』に収録されていた曲の一つのことである。

《「ファン」が「ファン」でしかないかぎり、あるいは「読者」が「読者」でないかぎり、それらは究極的には私にとって要らない人達であるし、またその人達にとっても私という人間は、究極的には要らない、どうでもいい人間である。だから、要らない人間であって欲しくはないのでBe My Wifeと言う。無責任な客でなどあってくれるな。私を解り、私と共に生き、私と共に行動し続ける人であってくれ、そんな人でなければ、たとえ世界中何十万人のファンであろうとも私は要らない、と》(49ページ)

　この箇所は「まえがき」でも引用したが、初めてこの文章を読んだときの衝撃と言ったらなかった。

　レコードでも雑誌でも書籍でも、商品生産者と消費者とは分断しており、その両者が交わることなど永遠にないと思っていた私は、生産者から、「単なる一方的な送り手ではありたくない」という呼びかけがなされることがあろうなどとは、夢にも思っていなかった。

　出版物や音楽商品、映像ソフト等、一(出版社・レコード会社・映画会社等)から多(受け手)へと一方的に与えられる商品であるそれらは、受け手の側から送り手に質問したり、疑義を正したりと言う積極的な関わり合いが不可能なものだし、それが当たり前だと今でも思ってはいるが、70年代に、「そうではありたくない」と思っていた存在が一人でもいた、つまり、岩谷宏がいたのだ、という事実は、今も私を奮い立たせてくれる。

　「ビー・マイ・ワイフ」と歌ったボウイ本人の本心は今も分からないが、少なくとも、ボウイのこのメッセージを岩谷のように受け止めた人間がいたのだという事実は、今の若い人たちにも伝えたい。

《スピード・オブ・ライフ＝自分の傍をたゆみなくどんどん流れて行く時間というものに、ふと、気付く。私はさっきから、すっと立ったままだ》(48ページ)

　流れて行く時間の中で、しかし私は何をする術も無く、ただ立ち竦んでいるだけ。

…こんな感覚に囚われたことのある人は、決して少なくないだろう。どんどん流れて行く時間の中に立ち竦み、ただただ、焦燥感に駆られて行くだけなのである。

〝ステイする人〟ボウイは、そんな私たちに向けてこそ、メッセージを発し続けたのだろう。

《（前略）A面はもっぱら、今日の主体性論の展開であり、しかもいわゆる一般論ではなく、まさに「その人そのもの」性で通している》（49ページ）

1曲目で時の流れに気付き、2曲目では、聴き手が抱えている問題に目を凝らす。続く3曲目で「この世界で、あなたに私に何ができるだろう」と問うたあと、音と光景に、ゆったりと感覚を開いて行くことの大切さを歌う。

そして、妻になることを希求したボウイは、新しい街で、新しい職に就く。

《B面は、A面の「主体」が立っている、生きている「場」の、「時代」の、認識に当てられている、と言うべきか》（49ページ）

B面の4曲はすべてインストゥルメンタル（ヴォーカルが入っている曲はあるが、基本、意味を成していないので、インストゥルメンタルと見做して差し支えないだろう）だが、1曲目の「ワルシャワの幻想」は圧巻で、聴き手の心を激しく揺さぶる。

その後、2曲の小曲を挟んで、聴こえて来るのが最終曲「サブタレニアンズ」である。

このタイトル「サブタレニアンズ」は、ビートニックを代表する作家の一人、ジャック・ケルアックの『地下街の人びと』（新潮社 真崎義博訳）から取られている。

《陽の当るところが、戦争や工業や経済競争や独占やなんやかんやでもってギ

ラギラと輝いているのなら、私達は影の部分で（＝ギラギラしたものの一部になろうなどとせず）、地下で生き続けるのであり、影の世界での栄養素として、成長素として、あるいは連帯形成のきっかけとして役立ちえるのなら、私のこの朽ちた魂を分かち合ってくれ、というのが最終曲、《サブテラニアンズ》。影の部分で…というテーマは、《ゴールデン・イヤーズ》にも共通する》（49ページ）

　現在の学校教育の主なる目的が、複雑に入り組んだ現代社会に上手く適応し、多くの金を稼げる人間を育成することにあるのは明白だが、誰もがこの大目的（本来の人間の在り方からすれば、極めて非人間的な目的だ）に沿って成長していける訳ではない。

　今の日本社会が要請する理想的な人間像に合致できない者にとってこの社会は地獄でしかないが、そんな者たちでも連帯し、生きて行ける方法があることを、この文章は教えてくれる。

　学歴獲得競争や出世競争、そんな愚かしいものに背を向けた人たちが連帯できる場としての「地下」。

　「地下で生き続ける」というのは、今も私のテーマの一つである。

　…と言っても、実際に「地下に住む」ということではない。言うまでもないだろうか、日々を生きて行く指針として、現代社会の主要な価値観を否定し、自らの精神世界の中に、「己の地下空間」を設定する、ということである。

　すなわち、表面的には大勢（体制）に従うふりをしながら、大多数の人々とは違う価値観で、日々を生きて行く、ということだ。

　一例＝競争を強いる企業に対し、表面上は同調しながら、精神的にはその価値観を否定するということ。

　ひろさちやは、著書の中で、「現代社会は狂っている。その狂気を代表するのが、学校と会社という存在だ。競争主義が、日本の社会を狂わせてしまった。今、人々

の顔に笑顔が見られないのは、競争主義によって、周りの人間が皆敵となってしまったせいだ」という意味のことを繰り返し書いている（たとえば、『阿呆の知恵──自分らしい人生を送るための25のヒント』角川ONEテーマ21）。

　競争は私たちから共に生きる仲間を奪い、一人一人を、孤独の淵に追いやった。

　ロックとはしたがって、仲間を求め、共に生きることを願う者のための音楽である。

　こんな狂気の社会にあって私たちは、（精神の）地下に潜って生きて行くしかないではないか。

　「ゴールデン・イヤーズ」も『ステイション・トゥ・ステイション』収録曲で、陽の当らない、影の部分に価値を見出すボウイの姿が垣間見られる曲だ。

　「私のこの朽ちた魂を分かち合ってくれ」というのは、「サブタレニアンズ」の中で、ボウイが発する歌声の一部が、岩谷の耳には「Share My Failing Soul」と聴こえたことによる。私にもそう聴こえるが、かつてアルバムの歌詞カードには、「Share bride failing star」と書かれていたことがあった。

　田中 純はこれを《分かち合う、花嫁、消滅しつつある星》（岩波書店『デヴィッド・ボウイ 無 を歌った男』より、218ページ）と訳したが、意味を成していない（「消滅しつつある星」という言葉に、スターを否定し続けたボウイの姿が見えるが）。田中はこう訳したあと、《意味の理解も音声からのムードの連想も、そのいずれもが中途半端なまま宙吊りにされてしまうのである》（同ページ）と書いている

　結局、この曲に関しては、己のヒアリング能力を頼りにするほかない。

　この陰鬱な曲を最後に、アルバムは静かに幕を閉じる。

　それにしても、よくもこんなアンチ・コマーシャルなアルバムを、世に出すこ

とができたものだと、今更のように思う。

　次作「ヒーローズ」も、B面のほとんどがインストゥルメンタルだが、A面には売れ筋のポップでロックな曲が揃っているし、B面最終曲もまたメロディアスで、取っ付き易いし、聴き易い。

　だから、ボウイ史において『ロウ』が発売されたことは、一つの事件なのである。

　これほどの事件がボウイに起こるのは、その後、生前最後のアルバム『★ ブラックスター』まで待たなければならない。

　本アルバムに関する岩谷の批評を、「ボウイの意図とはかけ離れているのではないか」「恣意的な印象批評に過ぎないのではないか」と批判される方がいるかもしれない。

　そのような人たちには、「岩谷は、ボウイの楽曲からインスパイアされた何ものかに対し、独自の解釈を施しているに過ぎない。問題は、ボウイ本人の意図にどれだけ近いものかどうかではなく、その解釈が時に、ボウイ本人の意図を遥かに超えたところで展開され得ることもあるのだ」と言っておきたい。

　そして、私が岩谷のボウイ論に見出したものは、ボウイという触媒を通して考え得た、私たちが生きるこの世界における普遍的な問題の本質と思わしきもの、だ。

　《(60年代にはロックとはかぎらず、ほかにもいくつかのムーブメントがあったのだが) そのような思想史を一身にになって、ちっともごまかさない人、あそばない人、裏切りをしない人が、このボウイーという人である》(48ページ)

　48・49ページの下部には、全曲の訳詩(「詞」ではなく「詩」が相応しい) も掲載されている。どの訳詩も会心の出来であり、私はすべて、暗記するほど何度も何度も読み返した。

ここで引用するのは止めておくが、ネット古書店などで本号を見つけたら、ぜひ躊躇わずに購入して、この訳詩だけでも読んで欲しいと切に願う。

　『ステイション・トゥ・ステイション』も『ロウ』も、ジャケットに使われているのは映画『地球に落ちて来た男』のヴィジュアルである。

　当時のボウイは正に、地球に落ちて来た男であり、異世界からの使者であった（笑われるかもしれないが、私は昔、ボウイをウルトラマンになぞらえた文章を書いたことがある。子どもたちを救うために地球にやって来た存在という意味で）。

　（ミュージシャンであり、作詞家・音楽プロデューサーでもあるサエキけんぞうは、再発盤『ロウ』TOCP-65314 のライナーで、《ボウイは（中略）イーノをパートナーに、ヨーロッパの深い陰影世界を描き出したのです》《このアルバムは、米欧をまたにかけた一大実験作なのであり、ロックを数十年先まで延命させるコロンブスの卵的アイデアに満ち満ちているのです》と書いている。ロックの延命は、70年代ボウイによって成されたのだ）

　本号からは最後に、ボウイとの直接の関係は無いが、次の文章を紹介しておきたい。

　《私達が、なんの意味において、これまで何をしてきたのであり、いま何をしつつあるのであり、これからは何をして行くのかについて、（中略）もっと一般的にみんなが納得できるような歴史解釈が欲しいと思う。（中略）私達に、これこれこうなんだから安心しなさい、と解き明かして呉れて、肩を撫でてくれる神はいない》（「『さまざまな方角からの音楽論②』 ⑨歴史の神秘主義的解釈」より、24ページ。「音楽論②」なのは、前号に「音楽論①」が掲載されたからであり、⑨なのは、前号からの通し番号だからである）

　私たちはなぜ生きているのか・何をするために生まれて来たのかを、理路整然と解き明かしてくれる神（のような存在）がいれば、私たちはもっとラクに生きられるかもしれない。

しかし、残念なことに、その、究極的な問いに答えられる者は、いくら探しても見つかりはしなかった。

　だから私は、私たちは、今も昔も恐怖と不安を抱えながら生きているのである（ピンク・フロイドの「あなたがここにいてほしい」を聴かれたし）。

　私にとってロックは、音楽は、聴いている一時だけ肩を撫でてくれる神のような存在でもあった。

　すなわち、現実逃避のための一手段でもあったのだ。

　「それだけで終わらせたくはない」という想いが、今、この文章を書かせている。

　《Mさんにとってロックは、親やその周辺の人達の不幸な生き様を見て来た自分がその一身に背負った代理怨念（つまり、かなり普遍化されかかっている怨念）を確認し、錬え、高度を高める手段である》（「『さまざまな方角からの音楽論②』⑩死んだ人達」より、24ページ。「練え」は原文のママだが、「練り」か「鍛え」の間違いだろうか?）

　この文章にも、私は、限りなく深く、共感してしまう。

　現実問題として、人生とは苦しみの連続であり、私も今まで生きて来た過程の中で、様々な不幸を経験したし、見ても来た（この社会は不条理に満ちており、生きて行くことは、苦痛以外の何ものでもない。ジョン・レノンも草思社刊『ビートルズ革命』9ページで《「アーティストであることは、少しも楽しくないですからね。（中略）たとえば、ものを書くにしても、楽しいことではなくて責苦ですよ」》と語っている。また、ミッシェル・ポルナレフも『ステレオ』1973年1月号の352ページのインタビュー記事で《「さっきある人から、恋は悲しい水色、といわれたけれど（笑）、ほんとうですね。人生も悲しいものです」》《（人生は悲しいと思う理由は）「人生そのものがとっても難しいものだからです」》と発言している。すべて、インタビューの中での発言なので、「」を付けている）。

その結果、胸の奥深くにあるのは、この社会に対する怨念である。自分だけでなく、周辺の近しい人たちの無念の想いも、間違いなく、ある。

　ただやはり、「怨念」を、「怨念」のままにしておきたくない。

　人が、歴史の泥沼に足を掬われたままで終わるのではなく、そこからの突破口（キング・クリムゾンのアルバム『暗黒の世界』最終曲のタイトル）を、何としてでも見つけたいと願っている。

第28号（1977年6月号）

　この号にボウイに関する文章は無いのだが、一つだけ、どうしても紹介しておきたい。

　《（前略）しかし私達は、弱いものを強くすることを考えてはいけない。（中略）むしろ私達は、弱いもの、弱かったものの中にある充実を発見し、体得しなくてはならない。（中略）要するに、弱者が強者になることではなく、弱者が弱者であり続けることの中にこそある（そこにしかない）肯定性を拡充することである》（「『さまざまな方角からの音楽論③』⑫政治的な活動」より、16ページ）

　誰もが、なぜか、人に対して「強くなれ」というこの時代にあって、「弱くあって構わない」というのは、勇気が要ることだろう。

　「優劣」「強者・弱者」「勝者・敗者」、このような二項対立的な発想から逃れたいと思う。

第29号（1977年8月号）

　表紙は、来日時のボウイ。1977年の4月22日、ボウイはイギー・ポップと共に来日した。イギーのアルバム『イディオット（愚者）』（この日本盤の対訳は、岩谷が担当した）のプロモのためである。

この来日時に、鋤田正義と行ったフォト・セッションの内1枚が、アルバム『ヒーローズ』のジャケット写真に選ばれたことは、特筆すべきだろう。

　今号の40・41ページに、RCA『ロウ』『愚者（おろかもの）』の広告と共に、岩谷による、「チャイナ・ガール」と「ホワット・イン・ザ・ワールド」の訳詩が掲載されている。

《万人が輝き万人が幸福になれる計画について語るとき
　私はつい、声高になる。破壊的な衝動に駆られる
　―チャイナ・ガール》

　残念ながら今なお、万人が輝き万人が幸福になれる方法論は存在しない。今日もどこかで、子どもたちが親の虐待で殺され、誰かが交通事故で命を断たれている。そして誰かが、ナイフで身を裂かれている。

《ほんとうの（弱い）私に
　ほんとうの私にとって
　そのとき あなたは何であってくれるの
　―ホワット・イン・ザ・ワールド》

　成長して行く中で、誰もが様々な鎧を身に付けて行くことを強いられている現代社会。

　学歴、技能、経験、名誉、権力、名声、等々。

　そのようなものすべてをはぎ取った紛れも無いただの私としてコミュニケートしたいという願望は、妄想なのだろうか？

　今号には、こんな記述もある。

《それから、デビッド・ボウイのレコードは、女子高生などが、夜半、机のひきだしの奥に隠し置いたボトルをやりながら、あるていど酩酊したのちに聞くレコードとしては、もっとも（唯一?）ふさわしいいじましさを持ったレコードで

あることに、最近、気がついた》(「『様々な方角からの音楽論④』⑯酒」(23ページ)

　こうやって引用していると、「ボウイ」の表記が一定していないことに気付くが、ボウイの音楽に「いじましさ」を感じる気持ちは、よく分かる。

　この場合の「いじましさ」は、「意地汚い」とか、「哀れで見苦しい」とかの意味ではなく「痛々しい感じがする」という意味だろう。

　「いじらしさ」として、「けなげで可愛そうなさま」という意味を持たせてもいいかもしれない。

　70年代のボウイの歌声にいじましさを感じるのは、それが、ぎりぎりの、他者とのコミュニケーションを求めている声だからだろう。

　常に切羽詰まっていて、着飾る余裕など、微塵も無いのである。

　なお、この号の48ページには、『ロッキング・オン』の増刊号として発売された『岩谷宏のロック論集』の広告が載っていて、そこには「全国一般書店にて 7月30日 いよいよ発売です!」と書かれてある。

第30号 （1977年10月号）

　今号には、「架空インタビュー/フリップ&イーノ&ボウイ」が掲載されている。この記事が岩谷の手によるものであることは、本人に確認した。

　《70年代のロックに思想的な深みを与えた、この三人の男が、いま、一緒になって、ベルリンでなにかやっている……》(10ページ) という文章から始まるこのインタビューは、読み応え十分である。

　以下、「B」はボウイ、「F」はキング・クリムゾンのリーダー、ロバート・フリップ、「E」はボウイと組んで『ロウ』を作ったブライアン・イーノを指す。

《E：都市の孤独が、往々にしてなりがちな閉じた孤独、かたく固定した孤独にならないようにするために、ひらいた、やわらかな、機敏な孤独にするために、ボウイが必要だ。いまや、ボウイそのものが政治だ。あなたが選挙で選ぶ人達の実体はこれっぽっちも政治でない》（11ページ）

政治＝主権者が領土や人民を治めること。社会の対立を調整し、社会全体をまとめること。すなわち、共同体（社会）における秩序の維持と発展の役割を担うのが、政治の意味するところだろう。

「ボウイそのものが政治だ」と言うとき、ボウイの行動そのものが、私たちの社会を、人間の在り方を、今の状況より良きものにしたいという願望に裏打ちされている、ということだろう。

そして、ボウイの聴き手もまた、同じような願いを胸に抱いていた、ということだろう。

岩谷は、選挙制度の有効性についても疑念を持っていたようだ（選挙制度について考えるためのヒントとして、例えば『それでも選挙に行く理由』アダム・プシェヴォスキ著 白水社をお薦めしておく。岩谷の訳本である、『数の国のルイス・キャロル』ロビン・J・ウィルソン著 S・B・クイエイティブ の「発作6 "選挙学"と記憶術」も）

《F：日常の仕事や勉強のやり方を、すっかり離れたところに音楽がある、というタイプの音楽が多すぎる。クリムゾンは、イン（in）してはいなかったが少なくとも正面から対決しただけでもエライ》（11ページ）

音楽の主たる役割の一つが、仕事や勉強等で疲れた体と心を癒すことにある。だとしたら、仕事や勉強から離れたところに音楽があるとしても、仕方の無いことだった。

このような音楽の役割に対し、挑戦したのがクリムゾンであり、ボウイであったと言えるだろう。

《B：イーグルスなんて、なまけ者の、ブルジョワの聞く音楽だ。キッスだってなんだってそうだ。まじめにやろうとする人は、私と、私の関係した音楽さえ聞いていればよろしい》（11ページ）

引用しているとキリが無いのでこのあたりで止めておくが、これを読むと、岩谷にとってボウイがどれほど重要なアーティストであったかが、手に取るように分かる。70年代の『RO』が、「思想誌」と呼ばれていた理由も。

《B：〝安心して〟じゃない！〝緊張して〟だ！ 機敏さと最新の注意の持続。それは、たとえば、死が突如おそっても、ヤラれるんじゃなく、受け容れる姿勢》（11ページ）

ジョン・レノンはかつて、《（前略）「毎日を大切にしながら、同時に、毎日をおそれてもいるわけです。きょうが最後になってしまうかもしれないですからね。（中略）たとえば自動車にはねられるとか。」》（草思社刊 片岡義男訳『ビートルズ革命』より、196ページ）と語ったことがある。

ジョンのこの発言を持ち出すまでもなく、私たちの人生とは、いつ終止符が打たれるか分からない、不安で心もとないものだ。

70年代のボウイの諸作品を聴いていると緊張感を強いられるのは、この時期のボウイは、常に死と隣り合わせにあるような表現を続けていたからであり、ボウイの意識の裏にはおそらく、「いつ死に襲われるか分からない」恐怖が、不安があったはずだ。

私が今もボウイを聴き続けているのは、胸の奥にしぶとくある危機感・焦燥感・緊張感がゆえにであり、今なお私は「自分はどう生きるのか、なぜ生きているのか」ということを自問し続けている。

それにしても、ロック史を今の視点で改めて振り返ってみると、神がレールを敷いていたのではないかと思えるくらいに、出会うべき時、出会うべき人物が出会っていたことに驚かされる。

私にとってロックの始まりは、ジョン・レノンがポール・マッカートニーに出会った日（諸説あるようなので、ここでは具体的な日付は書かないでおく）なのだが、70年代に、ボウイとフリップとイーノが出会って、どんな化学反応が生じたか。私たちはその答えを、『ロウ』がリリースされた同じ年に知ることになる。

　あとは、「さまざまな方角からの音楽論④」からも紹介しておきたい。

　《子供とは、なんだかわけわからなく、したがって宇宙人みたいなものであり、生まれたときから大人を超えているものであり、成長するにしたがって、ますます超然としてくるものである》（「❷⓪子供」より、52ページ）

　この考え方は、「ユー・プリティ・シングス」とも共通する。

　「超然」にはいろんな意味があるが、ここでは「かけ離れているさま」「高く抜け出ているさま」という意味だろう。

　大人たちは遠くない将来、今の子どもたちに道を譲って行くことになる。自分たちより優れた人類として生まれて来た子どもたちに、取って代わられる日を、迎える運命にある。

　なお、本号の37ページには『岩谷宏のロック論集』の広告が載っているが、本書の表紙には、ボウイが写っている。この写真を撮影したのは、ミック・ロックである（イギリスの出版社であるジェネシス社から、ミックの手による、ボウイの写真集が発売されている）。

第31号（1977年11月号）

　14ページに、ホテルニューオータニで寛ぐボウイとイギー・ポップの写真が掲載されている。斉藤陽一が撮った写真で、日付は1977年4月25日とある。

　岩谷の文章の中でボウイの名前が出て来るのは48ページで、ニコのアルバム『デザート・ショア』のレビューの中だ。

《ニコのついこないだのアルバム「ジ・エンド」（一九七四年）から三年経つ。それはドイツ国歌で終っており、その後、ボウイ、ルー・リード、フリップ、イーノらはベルリンにハング・オンした》（48ページ）

「ハング・オン」とは明らかにアルバム『ジギー・スターダスト』収録曲「君の意志のままに」（Hang On to Yourself）から引用している。「すがりつく」「しがみつく」などの意味がある。

ニコは、ロック・ファンの間では、アメリカのロック・バンド、ヴェルベット・アンダーグラウンドのファースト・アルバム『ヴェルベット・アンダーグラウンド・アンド・ニコ』に参加したことで知られている。モデル、女優、シンガーとして活躍しており、『デザート・ショア』は、彼女の3枚目のスタジオ・アルバムだが、日本盤は出ていないようだ（間違っていたらお許しを）。

《デザート・ショアとは、無人の、荒涼とした浜辺であり（後略）》（同上）

《あなたの中の、わさわさとした表層心理においてでなく、ずっと降りていって、あなたたった一人しかいない、砂漠と見まがう浜辺で、私に出会え》（同上）

このくだりは、ボウイに関する文章として読んでも違和感がない。私たちがボウイと出会ったのも、砂漠と見紛うばかりの浜辺ではなかったか。

人の心の中の、最も深い部分まで降りて行って、そこでこそコミュニケートしようと試みたのがボウイであり、岩谷であったのだと、つくづく思う（同じような想いを、私は大林宣彦監督の映画『時をかける少女』を観たときにも感じた。この映画で私が観ていたのは、スクリーンではなく、スクリーンの奥に、秘かに隠されていた人の想いであった）。

本号からは、51ページの「ダイヤモンド・ヘッド 関係論の視座●つづき」も紹介しておきたい。

僅か1ページの文章だが、ボウイの顔写真（イラストにも見える）が使われて

いるのだ。

《日常のあらゆる風景は完全に異邦で、私も含むすべての他人が、わけの分らぬ異人だ》

この感覚を、お分かりいただけるだろうか。

私はこの文章から、1995年のボウイのアルバム『アウトサイド』の最終曲「ストレンジャーズ・ホエン・ウィ・ミート」を思い出さずにいられない。

出会うとき、私たちはいつも、異邦人、見知らぬ人として出会う―それは、私の、昔から変わらぬ日常感覚だ。

《私達は、関係性の総体の中に平和裡に埋没しているべきものが、なにかのまちがいでこうやって存在しているのではない。人生はなにかのまちがい、ではない》

《それは、関係性の総体が、自分自身を確かめ、自分自身を自分自身にとって開示するために、明確化するために、あえて自分自身に傷を入れたのだ。こうして私は生まれ、生き、存在している》

私が今、私として存在していること以上に不思議なことは、どこにもない。ゆえに、私がここにあることは、この上なく不幸なことであり、痛みを伴うものである。

《人生はなにかのまちがいでは、ない》と岩谷は言うが、私はやはり、何かの間違いではないかと思う。

《アーティストであることは、すこしも楽しくないですからね。わかるでしょう、たとえば、ものを書くにしても、楽しいことではなくて、責苦ですよ》(草思社刊 片岡義男訳『ビートルズ革命』9ページより、ジョン・レノンの言葉)

私たちの生とは、苦しみの連続ではないか。痛みに耐え続けることが、私たちの生である。

　なお、「関係論の視座」の続きでない方は、『RO』の第19号（1975年12月号）に掲載されたが、特にボウイは出て来ないので、本書では触れないでおく（「関係論の視座」の内容には納得していないのも、引用しない理由である）。

第32号 （1977年12月号）

　この号では、アルバム『ヒーローズ』が取り上げられている。このアルバムには当時、『英雄夢語り ヒーローズ』という、これ以上ないくらい、ロマンティックな邦題が付けられていた。

　『夢物語』ではなく、『夢語り』とした、この邦題の命名者に感謝したい。

　「夢物語」とは、見た夢を語ること、夢のような、現実的でない話というような意味である。

　「夢語り」を辞書で引くと、「夢物語」と同じとしているものが多いのだが、『英雄夢語り ヒーローズ』という邦題から私が想起したのは、「現実には存在しない英雄の物語を綴ったアルバム」というようなものだ。

　『ジギー・スターダスト』では、ジギーという者の物語が語られていた訳だが、『ヒーローズ』で語られていたのは「ある英雄譚」ということになるだろう（古川貴之は、『デヴィッド・ボウイ詩集 スピード・オブ・ライフ』の114ページで、『ジギー・スターダスト』の正しい原題和訳は「ジギー・スターダストとスパイダーズ・フロム・マーズの栄枯盛衰」としている）。

　　『英雄夢語り（ヒーローズ)』

　　A面
　　1「美女と野獣」

2「ライオンのジョー」
3「ヒーローズ（英雄夢語り）」
4「沈黙の時代の子供たち」
5「ブラックアウト」

B面
1「V-2シュナイダー」
2「疑惑〜苔の庭〜ノイケルン」→ こう表記した理由は、今号に載った
　　RCAの広告に拠る。メドレーのためこの3曲を続けて書いたのだろう
　　が、現行CDでは、別々の曲として表記されている。
3「アラビアの神秘」

　（現行CDでは、「ヒーローズ（英雄夢語り）」は「ヒーローズ」に、「苔の庭」
は「モス・ガーデン」に邦題が変更されている）

　「BOWIE ベルリン長期滞在と日本観光旅行との狂おしき成果○デビッド・ボ
ウイの新譜＝〝ヒーローズ〟」（「ヒーローズ」に「〝〟」が付いているのは、原題
がそうだからである。アルバム・タイトルも原題は『"HEROES"』とカッコ書
きされている。カッコ書きしたボウイの真意を考察してみたい）と題された岩谷
の『ヒーローズ』論は、18・19ページに掲載されている。

　残念なことに、ボウイと岩谷の蜜月は、この『ヒーローズ』で終わってしまっ
たようだ。本論を読めば、それははっきりと分かる。

　《A③〝ヒーローズ〟（ボウイ＆イーノ）アルバム・タイトルがカッコ付きで、
このタイトル曲もカッコ付き。イーノがからんでいるだけあって、曲調もかった
るく退屈。（中略）「何をもってしても彼等を放逐できないから私達は英雄だ」な
んて、白人エリート意識の裏返しみたい》（18ページ）

　ボウイ最大の名曲と目されている「ヒーローズ」に対し、岩谷はかなり辛辣な
言葉を浴びせている。

私は、前作『ロウ』で初めて岩谷のボウイ論を読んだので、まさかその次でこんなことになろうとは、夢にも思っていなかった。

　『ロウ』を語る岩谷の熱さ、集中度の深さから一転、ボウイを批判することになってしまったのは、岩谷にとっても不本意なことだったのだろうか。

　『ロウ』と『ヒーローズ』、それぞれのインストゥルメンタル曲を聴き比べてみると、『ロウ』に比べ『ヒーローズ』は聴き易いが、その分、切っ先の鋭さ、聴き手の心にまっすぐ刺さって来るような感覚が失われているように思う。

　《B面の3曲めは、平安神宮の異和感ならぬ、「苔寺の異和感」。あの、細部まで徹底的に完成した非日用的空間の、それが背後に担っている歴史の血腥さ。ボウイのような一回限りの観光客だからこそこれを直感できたのだろう》（19ページ）

　「異和感」は「違和感」のはずだが、あえてこうしたのか、単なる誤植なのかは分からない。ただ、この文章には「異和」の方が、相応しいような気もする。

　「苔寺」とは、京都市西京区松尾にある、西芳寺の通称。特別名勝指定を受けた池泉回遊式庭園に、約120種類もの苔が自生していることからそう呼ばれているらしい。

　岩谷はこの曲を《前アルバム「ワルシャワ」の日本版》としている。

　（なお、ボウイ自身はこの「苔の庭 モス・ガーデン」について、『ニューミュージック・マガジン』1979年2月号での坂本龍一での対談で、こんなことを言っている。たいへん重要な発言だと思うので、少々長くなるが紹介しておきたい。

　《（前略）「そのモス・ガーデンにしても不吉な部分は含んでいる。京都の苔寺の上を飛行機が飛んでいるといった具合にね。そう、日本人でこれと似たような観点に立ったものと云えば、三島由紀夫の小説の中で、庭を歩いていると滝がうまく流れていないのに気付く。よく見てみると、滝の上の方に犬の死体がひっか

かっていた、というのがある。（中略）わたしの作品のほとんどは、そういった感覚に負うところが多い。（中略）少しヒビ割れた鏡の中に物事を見ているようなものだ。」》（73・74ページ）

「ひび割れた鏡」という言葉からは、「ブレイキング・グラス」という曲を思い出させるが、ボウイが指摘している三島由紀夫の小説とは、『春の雪 豊穣の海（一）』（新潮文庫）のこと。

該当するのは、30〜32ページである。興味のある方は、ご確認いただきたい。

《ボウイとその聴き手ってのは、非常に、個人的な関係なんだ。それも、拒絶的であるがゆえに真実で深いような。それだけのことであるし、そこにとどまるだけ。それ自身の進展はない。私自身はボウイ（にかぎらず音楽家）になにも期待しない》（19ページ）

ボウイと彼のファンとの関係性に対するこの記述は、私にはよく分かる。《拒絶的であるがゆえに真実で深い》という表現に、大いに同意する。

現在、『ヒーローズ』は、『ロウ』と並ぶボウイの代表作として、圧倒的な支持を受けている。しかし、発表当時、岩谷のような意見もあったことも、心に留めていただけたら嬉しい。

ここで、『RO』から離れて、『rock magazine』1978年2月号に載ったボウイのインタビューを紹介しておきたい。このインタビューでボウイは、極めて重要な発言をしていると、私には思えるからだ。

（『rock magazine ロック・マガジン』は、1976年2月に創刊された雑誌で、編集長は阿木譲。阿木氏は、2018年に亡くなった。ご冥福をお祈りしたい）

《ベルリンとは、人生に幻滅した人間が酒を飲む為の哀しいバーで出来上ったような街だ》（104ページ）

非常に感傷的な言い方のように感じるが、「ヒーローズ」の歌詞の一節を思い出してしまう。

《新しいアルバムには〝ノイケルン〟という曲があるが、あれは回教徒達がとても酷い状態で住んでいるベルリンの一地区のことだ。彼等は、とても孤立した独立社会を形成している。とても悲しい事だ》(107ページ)

　その悲しいムードは、明らかに『ロウ』と『ヒーローズ』、両方のアルバムの全編を覆っている。

　ただ、ネットで調べてみると、ベルリンで、貧民地区の富裕化がもっとも進んでいるのがノイケルン地区という記述も見つけられた。70年代と今の状況は、違うのかもしれない。

《私は自分が悲観主義者ではないかと怖いのだ。少しも将来には楽観的ではいられない》《〝ヒーローズ〟が、あなたにとっての良き伴侶であればと思う》(111ページ)

　ボウイが、80年代以降も悲観主義者だったとは私には考えにくいが、ベルリンで京都で、歴史の傷跡に触れたボウイにとっては、ペシミズムに陥るしかなかっただろうことはよく分かる。

　ボウイが今も生きていたら、私は彼にこう伝えたい。

「『ヒーローズ』に限らず、あなたが創造した音楽(のみでなく)のすべては、今も私の良き伴侶だよ」と。

　32号では他に、ボウイに関連した文章は、31〜33ページに書かれている。ここで岩谷は、ボウイがプロデュースした、イギー・ポップのアルバム『欲情』(現邦題『ラスト・フォー・ライフ』)に触れているのだ。

　『欲情』()内は、現邦題

A面
1「渇望」(「ラスト・フォー・ライフ」)
2「シクスティーン」(「シックスティーン」)
3「奇妙な罪」(「サム・ウィアード・シン」)
4「パッセンジャー」(「ザ・パッセンジャー」)
5「トゥナイト」

B面
1「サクセス」
2「ターン・ブルー」
3「おびやかし」(「ネイバーフッド・スレット」)
4「恋しておくれ」(「フォール・イン・ラヴ・ウィズ・ミー」)

　こうして現邦題も一緒に記載すると、如何に現在、「邦題文化」というものが
なくなり、原題をカタカナにしただけになったかが、よく分かる。「邦題」に愛
着のある私には、淋しい限りだ。

　(名邦題として私は、例えばミッシェル・ポルナレフの「シェリーに口づけ」、
サイモン&ガーファンクルの「明日に架ける橋」、オリビア・ニュートン・ジョ
ンの「そよ風の誘惑」、スリー・ディグリーズの「天使のささやき」を挙げてお
きたい。映画なら『あの頃ペニー・レインと』『小さな恋のメロディ』といった
ところか)

　「ふっきれようとするイギー　やけくそ居直り肯定路線〔解説〕ボウイのプロ
デュースによるイギー・ポップの新作 LUST FOR LIFE.IGGY POP」(29〜
31ページ)と題された岩谷の文章には、「ヒーローズ」評の何倍も、熱量が感じ
られる。

　全9曲すべてに対して、熱のこもった批評が、繰り広げられているのだ。

　それは、各曲に付けられた、タイトル訳だけで分かる。

Lust for life（生への渇望）

Sixteen（見事な16才の少女への渇望）

Some Wired Sin（悪事を働きたくなる）

The Passenger（時と都市の乗客）

Tonight（この夜が今日からの未来のすべて）

Success（やったぜ!）

Turn blue（血の気を絞り捨てた）

…と、こんな具合である。

この中でも特に私が重要と思える曲についてのみ、引用してみよう。

Last for Life

《いまは、ただとにかく、なにがなんでも、生きていたいんだ、という彼のメッセージは、古手のロックファンには通じても、今の若手のロックファンには通じないであろう》（32ページ）

　私自身、この曲に込められたイギーのメッセージが心底胸に沁みるようになったのは、まだ、ここ数年のことである。

The Passenger

《「都市」というバスに乗り、「時」という路線の上を、それも、パッとしない裏通りばかりを走ってゆく、私はただの乗客。ただ、乗ってるだけだ》（32ページ）

　上の連中が決めたことには、一切逆らえない。逆らえば、牢獄が待っているのだから。

　現代社会は、多くの人間を、ただの、バスに乗っているお客さんにしてしまった。

大切なことを決める権限も、誰かにモノ言う権利も、何も持たされていない。

ただ、金を稼ぎ、その金を使って生きて行くだけ。

多くの人が無権状態におかれ、お金の奴隷になっている現状は、おかしいのではないか。

そんな人たちの憂さ晴らしのために存在するエンターテインメントの数々。

金を払って手に入れる、音楽・映画・映像ソフト・音楽ソフト・小説、等々の数々にはどれも、空しさが付き纏う。。

いつか私は、「都市を走り、時を消費し続けるバスの乗客」という立場から、降りられるのだろうか?

Tonight

《恋人か、あるいはむしろ小さな女の子の、死を、一人で看取ったのはイギーの実体験かどうかわからない。なにしろ、誠に殊勝な曲であり、この世の現実に対してゴタゴタぬかすことはいっさいやめた、という曲である》(33ページ)

このアルバムで、私が一番好きな曲である。死にゆく16才の少女に対し、「僕は一生、この少女を愛し抜く」という決意を歌った曲で、どうしようもなく感動的だ。

生きるとは、心ならずも亡くなって行った人たちの、無念を引き受けて行くということなのだろう。

その無念の想いが自分の胸の中にある限り、自ら命を断つことなど、できはしない。

こんなことを私が書くのも、今号で岩谷は、こうも書いているからだ。

小学4年生の女の子が、飛び降り自殺したことに触れて…

彼女は、大学ノートの切れはし3枚に、「本来の自分」を託そうとしたのだと書く岩谷は、こう続ける。

《彼女がノートの走り書きにかろうじて託そうとしたものと、たとえばこの私が、日頃書くことに託しているものとは、全く同質のものである。私はかつて一度たりとも、えげれすやあめりかのミュージシャンやスターや音楽について書いたことはない》(26ページ「ロックの直接性とは何か」より)

この文章の意味するところが、私には痛切なまでに分かるのだが、上手く言葉にすることができない。

自分にとって文章を書くことの意味は、ここにあるとだけ書いておきたい。

今号からは最後に、こちらを紹介しておきたい

29ページ「オーディオ批判」

《(前略)個人が個室でレコードを聴くなんて行為がそもそも不毛な行為(後略)》

一人孤独に部屋に籠って音楽に耽溺していても、外の世界は何も変わらない、コミュニケーションは生じない、音楽鑑賞家という立場に甘んじている場合じゃないぞ、ということか。

私はずいぶん不毛な行為を続けて来たが、このままでは終われないという想いが、本書を書かせている。

なお、本号にはページ数が付されていない。記載されているページ数は、私が表紙を1ページ目とし、ページを捲って数えた数字である。

1978年

第33号 （1978年1月号）

　30・31ページに、『ヒーローズ』の訳詩が掲載されている。

　訳されているのは「美女と野獣」「ライオンのジョー」「ヒーローズ」「沈黙の時代の子供たち」「ブラックアウト」「アラビアの神秘」の6曲で、すなわちインストゥルメンタル曲を除く、全曲である。

　その内容は、前号でこのアルバムを酷評したのが何かの間違いではないかと思えるくらい、熱の入ったものばかりだ。

　「美女と野獣」

《一升瓶のウイスキーを買ってきて
　適当にレコードかけながら
　また不本意な毎日をやり過ごす
　最近はだいたい そうだな》（30ページ）

　不本意な毎日をやり過ごすための何か。この歌の主人公の場合は酒なのだが、私だったら映画、小説、テレビドラマ、すなわち、嫌な現実から、一時だけでも逃れられるモノたちだ。

　私たちの人生の大半が苦痛の日々だとしたら、苦痛を和らげるためのドラッグは、今後もずっと必要とされ続けるだろう、悲しいことに。

　「ライオンのジョー」

《夢の中に自閉し
　夢の中をさまようなまけ者》（30ページ）

映画も小説もテレビドラマも、夢の中を彷徨うための小道具だ。そうか、一番の怠け者は、私自身だ……

「ヒーローズ」

《私達はバラバラで
　お互いとても離れている
　一緒になってしっかり
　なにかをやって行けるアテは
　いまのところない──一人で酒びたり
　私とあなたとの間には今
　西ベルリンの壁（彼等の世界）が
　立ちふさがる》（30・31ページ）

生きづらい現実を抱えながら、そこからの突破口が見つけられない私たちは、今日も、それぞれ一人っきりで酒浸りになっている。

私と同じようにもどかしい気持ちを抱え、苦しみを抱えながら生きている人々は、おそらく、沢山いるはずなのに、現代社会に存在する様々な壁が、そのような人たちを結び付けることを邪魔している。

西ベルリンの壁は崩壊したが、人と人とを離反させる壁は、今なお眼前にある。

その壁はあまりに高くて、私たちはいつも、途方に暮れている。

その壁の正体は、たとえば金、たとえば競争、たとえば格差。

すなわち、現代社会において、人と人とを分け隔てているもののすべてだ。

「ヒーローズ」は、そんな私たち一人一人が、いつの日か真に結び付き、真にコミュニケートし、ヒーローに（せめて、1日だけでも）なる日が来ると歌う、切ない希望の曲だ。

ボウイは歌を通じて、分け隔てられた人々を結び付けようとしたのだが、その試みは果たして、成功したのだろうか?

「沈黙の時代の子供たち」

《ただ待ち続ける私達
　瞳の輝きは失せた私達
　この世のすみっこで
　かろうじて毎日を
　食いつないでいるだけの私達
　でも私はあなたをどこにも行かせない
　私はあなたをうつむかせない》(31ページ)

　このアルバムが発売されてから40年以上経つが、今も、ほとんどの個人は、ただ何かを待ち続け、瞳の輝きは失せたままではないか。

　私自身、かろうじて毎日を食いつなぐだけの日々を数十年に亘って続けて来たが、いったいいつまで続くのだろう?

　この曲は、そのような、もどかしい想いを抱えて生きている人たち皆に捧げるメッセージだと思う。

　原題は「SONS OF THE SILENT AGE」で、「SON」の主な意味は「息子」だが、「子ども」という意味もあるので、この邦題が間違いという訳ではない。

　それにしても、「SILENT AGE」とは、何と当時の時代の有り様を、的確に捉えた表現だろうか!

　そして、自由闊達に、どんな人とでも語り合えるという時代は、今まだ来てはいない。

　様々な手枷、足枷がはめられている私たちは、今も至るところで沈黙を強いら

れている。

BLACKOUT

《あなたが私の方を向くのでなく
　私が向いた同じ方向を向いて
　あなたなりにがんばってくれる
　のでないと
　私の不安は増えるばかり》（31ページ）

　ボウイならボウイが、作品に込めたメッセージを自分の生活や人生に活かすことをせず、ただスターのファン、という立場で満足してしまう人たちへの警告だろうか。

　だとすると、私など、ボウイから（岩谷から）真っ先に否定される存在に過ぎないのかもしれない。もちろん、そうではありたくないが。

　同じ方向を向くとは、同じ志を胸に秘めた人間同士として、スターならスター、私なら私が、それぞれの場で、頑張って行くしかないという意味だろう。

THE SECRET LIFE OF ARABIA

《砂漠親達学校社会マスメディア砂漠
　私の歌は
　頼るべきものを失って砂漠を歩く者の歌
　砂粒が入って痛いあなた（私）の目に
　しかし私（あなた）はたしかに
　あなた（私）の愛を見る》（31ページ）

　『ロウ』と『ヒーローズ』で違っていたのは、『ヒーローズ』の最終曲はインストゥルメンタル曲ではなく、歌が入っていたことだ。

「アラビアの神秘」というロマンティックな邦題が付いたこの曲は、すべての人の中に存在する、「いつまでも幼いまま、若いままでいる、秘められたあなた」について歌われた曲だ。

　それは秘められていて、人に見せることできない。

　しかし、だからこそそれは、大切にすべきもの、決して失ってはならないものだろう。

　生まれた場所、育った環境、どんな親の下に生まれたか、性別、職業、収入の多寡、学歴、等々によって、今、私たちは完全に分断されている。

　こんな状況だからこそ、私も人の、その心の奥に秘めた想いを推しはかりたいと思う。

　「砂漠親達学校社会…砂漠」とあるのは、当時、『RO』読者のほとんどが、生徒、あるいは学生という立場にあったからで、それらが砂漠の二文字で囲われているのは、この社会というものは、ある種の人々（ボウイを聴いているような人たち）にとっては、砂漠以外の何ものでもないからだろう。

　私たちは今も、頼るべきものなどなく、砂漠を歩き続けている。

　今日も、砂粒が、私たちの目に入り、何も見えない。

　しかし、そのような状況でなお、あなたの愛を見たいと、そう願って、このアルバムは幕を閉じる。

　レナード・コーエンに「イン・マイ・シークレット・ライフ」という曲があるが、私にはこの曲が、疲れた毎日を送っている、私たち現代社会に生きる者たちへの応援歌のように聴こえてならない。ただただ、「ホールド・オン、持ちこたえていろ」と。

2016年の原田知世のアルバム『恋愛小説』で、原田は「イン・マイ・シークレット・ライフ」をカヴァーしているが、絶品だ。一度でいい、ぜひ試聴してみて欲しい。私には、原田と伊藤ゴローのコラボの、最高到達点である。

　さて33号からは、こちらも紹介しておきたい（ボウイに関する記述はないが）。

　47ページ「彼等」

　《私達はいつも、かろうじて生きているだけだ。狂気の宝クジに当たらなかったから生きてるようなもんである》

　この文章には、多くの人が肯いてくれるのではないだろうか。毎日のように起きている交通事故、無差別殺傷事件、等々。今まで生きて来れただけで、奇跡なのである。

　《ロックとは、聞き手と演り手の衝動が全く同質同等同量である音楽であり、ロッキング・オンとは、書き手と読み手の責任が全く同質同等同量であるべき雑誌です。（後略）》

　マス・メディアの送り手が、受け手に対してこんな宣言をしたことを、私は他に知らない。

　私は今の若い人たちに、かつてこんなことを言った人がいたことを、知ってもらいたいと思う。

　なお、タイトルの「彼等」とは、「国家」とか「軍備」「権力」とかいう構造を固定し、維持するために存在する人々のことを指すのだと、私には思える。

　たとえばそれは、子どもたちに「学校」という名の牢獄に通うことを強制できる立場の人々のことだったりする。

　今号にはジョニー・ロットンの架空インタビューも載っていて、そこではロッ

トンが、こう発言している箇所がある。

《J：（前略）ボウイの最近はよいが》（15ページ）

《R：どういう意味?》（同）

《J：ジギーの前後までは「お話」を歌っていた。今は直接的だ。モノクロ写真だ》（同）

（Jはジョニー・ロットン、Rはロッキング・オンのこと）

この架空インタビューは、無署名ではなく、ちゃんと「岩谷宏」と記名してある。

このくだりを読むと、岩谷はボウイをまだ、全面的に否定している訳ではなかったことが分かる。

モノクロ写真とは正に『ヒーローズ』のジャケットだが、ボウイが、ストーリーテラーではなく、一人の孤独者として、自分の直接性に向き合った作品を、遂に作ったということだろう。

ジギー・スターダストでもシン・ホワイト・デュークでもなく、地球に落ちて来た男でもない、ボウイ自身として。ただし、普遍的な個人として、だ。

さて、33号までは、毎号取り上げて来たが、以降は飛び飛びになることを、ここで書いておきたい。

それは、ボウイと岩谷の蜜月が、終わってしまったことを意味する。

第35号 （1978年3月号）

「手紙評 ROCK&ROLL-A-PAIN LETTER〔手紙〕とその〔返事〕」（36〜38ペー

ジ)

　読者からの手紙に岩谷が答える、という構成になっているのだが、早速中身を見てみよう。

　読者《D・ボウイー達はもはやさくらんを起こしている。僕達と同じ、弱い一人の人間です。(後略)》(37ページ)

　岩谷《ボウイは、さくらんを起こしていないね。私達一人一人の深奥部の、Secret Lifeがちゃんと見えつづけている人だね。ノイケルンはそういう、深奥の都市じゃないのかね。たしかに、今はひじょうにつらいらしい、とわかるけど》(37ページ)

　「さくらん」となぜひらがなのかは分からないが、ボウイは「錯乱」を起こしていないとは、よく分かる。『ロウ』にせよ『ヒーローズ』にせよ、高度な知性が作らせた作品であることは明らかで、決して感情や思考が混乱している訳ではない。

　Secret Lifeが見え続けている人、というのにも同感だ。ボウイの音楽とはいつも、心の最も深い部分で受け止め、聴くものだ。

　ノイケルンというのは、もしかしたら具体的な都市名を指した訳ではなく、私たちの精神が住まう、架空の街のことかもしれない。

　この、心の最も深い部分で……というのは、今号で岩谷が書いたスパークス論にも共通する。

　「いよいよたちこめる あいまいさを 切り裂いて 久々のスパークス論」

　《今、都市を、情報のジャングルを、終末の寒風が襲っている》(32ページ)

　都市とは情報のジャングルで、私たちはそのジャングルの中、一人、一人が孤

立したままでいる。頰に当たる風は、あまりに冷たく、寒い。

《そうなんだ。私達は、いや少なくとも私はマス・メディアという伝統的に空疎さを身上とするこのやっかいものを、ひとつぐらいは、空疎でないものにしようとこころざした。ひとつくらいではない、できれば、もっともっとだ》(33ページ)

空疎＝見せかけだけで、しっかりとした内容・実質が伴わないこと。マス・メディアなるものは、雑誌や書物に代表されるように、基本的に、一から、多へと、無差別にばら撒かれるものである。結果、たとえば読者という存在にとって、目の前にある本・雑誌とは、一方的に与えられたものに過ぎないということになる。大抵の場合、なけなしのお金で私たちは出版物を手に入れるのだが、読み終わったあとにふと、空しさに襲われることはないだろうか？

なぜなら、マス・メディアとは、有名な送り手対、無名の私という構造で成り立っているのだから。この仕組みに気付いたら、絶望するほかない。

岩谷は、そんなマス・メディアばかりの現状に、70年代、風穴を開けようとしたのだが、その試みは、悲しくも木っ端微塵に吹っ飛ばされた—のではないか？

第41号 (1978年9月号)

この号には、1978年に発表されたライヴ盤『ステージ』に関する文章が掲載されている。

『ステージ』

A面
1「君の意志のままに」
2「ジギー・スターダスト」
3「5年間」
4「魂の愛」

5「スター」

B面
1「ステイション・トゥ・ステイション」
2「フェイム」
3「TVC15」

C面
1「ワルシャワの幻想」
2「スピード・オブ・ライフ」
3「アートの時代」
4「疑惑」
5「壊れた鏡」

D面
1「ヒーローズ」
2「ホワット・イン・ザ・ワールド」
3「ブラックアウト」
4「美女と野獣」

「ステージ（78年、アメリカでのライヴ）デヴィッド・ボウイ 白人音楽の無力さのあまりにもサバサバとした表明」（8・9ページ）

《しかし、実際問題、たたかいの中にいる者にとっては「ヒーローズ」みたいな歌はかえってバカバカしいんじゃないかな。トンネルを掘るべきときは、黙々と、せっせと、「くそっ、らちあかねえなあ！」と思いつつも少しずつ、掘ってればいいのであって、喜ぶのは、実際に向こう側に貫いて、明るい光が実際にさしこんできたときに喜べばいいのであって、それ以前に、ヘンな期待感やら絶望感やら込めた歌など歌わない方がよい》（9ページ）

　現実に、たたかいの中にいる者には、音楽を聴いている余裕などないだろうとも思うが、こんな内容の文章を読むと、「音楽」は、現実に対し有効なのかと、

改めて考えてしまう。

　私自身、音楽を聴くのは、個人的な楽しみのためが圧倒的に多いし（あるいは、仕事の疲れ休めか）、ボウイの音楽自体、楽しみのためにだけ聴いて来た側面が大いにあったことを、認めざるを得ない。

　ただ、掘っても掘っても、長いトンネルを進んでいるだけ（いや、もしかしたら同じところをぐるぐる廻っているだけなのかも）で、出口は未だに見えない私にとっては、やはり、期待感と絶望感がない交ぜになった「ヒーローズ」という曲を聴き続けるしかないのだ、とも思う。

　《ミュージシャンもそのファンの多くの中に、単にエゴ幻想をはぐくんだにすぎなかった。「コンセプトではなく、「メッセージの実質」ではなく、白人的エゴは、スターとしてのスーパーエゴにだけ惹かれたのだ》(9ページ)

　ロックは結局、聴き手の間にスター幻想とやらを振りまいただけ… ロックに限らず、音楽を「楽しむためのもの」としてしか捉えていない人には、理解し難い考え方かもしれない。

　現在においても、基本、音楽は、聴き手の楽しみのために消費されている、され続けている。

　しかし、70年代において、「それはいやだ」と言った人がいたことだけは、伝えておきたいと思う。

　《私はデビッド・ボウイには興味はない。ただ、彼が（あるひとつの普遍の代理人として）私に伝えてくれたことだけに興味がある。そして私は、それを加工したりして拡大再生産したいだけだ。（中略）音楽にも興味はない》(9ページ)

　普遍＝全体に広く行き渡ること。例外なくすべてのものにあてはめること。

　結局は、そういうことだ。ボウイ自体ではなく、ボウイが、私たちに伝えよう

とした、普遍的な何ものか。

　岩谷に興味があったのは、そのことだけであり、したがって、ボウイの変質とともに、岩谷はボウイから、ロックから離れて行った。

　私が未だボウイから離れていないのは、スターとは、私たちの不幸の象徴なのだとしても、なお、スターが、この社会で果たしている役割は今もあるはずだと思っているからであり、そもそも、「ビー・マイ・ワイフ」と歌ってくれた人を、私の方から見捨てることなど、できる訳がないからだ。

　岩谷に倣って、「私は、岩谷宏本人には興味はない。ただ、彼が、私に、私たちに伝えようとした『普遍的な何ものか』にだけ興味がある」と言っておきたい。

　第41号にはケイト・ブッシュのインタビューが掲載されており、ケイトはそこで、こう語っている。

《ボウイは私のグレイト・ヒーローです》(39ページ。インタビュアーは、渋谷陽一と松村雄策)

　今号の目次には、ステージ上でのボウイの雄姿を写した写真が使われている。

　最後に、岩谷の、次の文章を引用しておく。

《各人が想念の段階で、個人的に、それぞれ何らかの結論を下し、その杭を深く打ち込んでしまっているとしたらどうであろう。持久戦どころか、ただわたくしが待ちわびるだけになってしまうではないか。そうなれば文章など書くさきから宙にかき消えてしまう一片の世迷い言だ》(「子供の 目が 貫く先」より、21ページ)

　自分の書くことなど、一片の世迷い言に過ぎない、そんなふうに、当時、岩谷は常に思っていたのではないか。

改めて、文章とは何だろう、本を読むことにはどんな意味があるのかと思ってしまう。

「なぜ人は本を読むのか」、私は常にこう問うている。

1979年

1979年4月号 （第48号）

38ページに「独裁者への連想」という文章が掲載されており、39ページには1ページ大で、ボウイの写真が載っている。イギリス・ロンドンにある大きな主要駅の一つ、ヴィクトリア駅で、ナチ式の敬礼をしているようにも見えるボウイを捉えた、1976年5月2日（日曜日）の写真である。

この写真については、以下を引用しておこう。

《黒いスーツを着たデヴィッドは、ピカピカと黒光りするドイツ車の後部座席で立ち上がると、ナチ式の敬礼をしているかのように、四五度の角度に右手を上げている。（中略）ヴィクトリア駅にいた人たちのなかにも、デヴィッドの仕草はファシストの挨拶だったといいたてる人に対して、他愛なく手を振っただけだと弁護する人もいる。デヴィッドは後者だと断固主張した》（『デヴィッド・ボウイ 神話の裏側』ピーター＆レニ・ギルマン著、野間けい子訳 CBS・ソニー出版より、414・415ページ）

当時、雑誌のインタビューでボウイは、《ぼくは首相になりたい》《（ボウイが創造したジギーは）イギリスのヒトラーになれただろう》などと発言していて、当然のこと、物議をかもす結果となった。

（相倉久人は、『ミュージック・マガジン』1978年10月号の「デビッド・ボウイー 地球へのパスポート」の中で《自分を一個の異邦人として規定したような彼が、ナチズムを単純にして明快、純粋無垢な〝絶対悪〟として自分の外におくような

ものの見方はしないだろう、ということは容易に見当がつく》（54ページ）《ベルリンでのヨーロッパの発見というボウイーの出会いのなかには、（中略）自分自身のうちにひそむナチズムとの出会いということも、含まれていたのではないか》（56ページ）と書いている。興味のある方は、本誌を探してみて欲しい）

　本文の内容を、少し引用してみよう（すべて38ページ）。

　《地球上に人間が何億何十億いようと、一人一人が、理想的な独裁者になれる素質を持った、「巨大な個人」でなくてはなるまい》

　《そこで、おそらく、個人を、ちんけな単なる個人にとどめてしまうような諸制度、諸観念を廃止しなくてはならない》

　一人の人間が、社会に対して何ら発言権を持てず、単に弱い個人として一生を送らなければならない現状を変革し、一人・一人が、社会に参画し得る「巨大な個人」になるために、岩谷はこんなことを提唱している。

・メディアを、真に社会生活の用具として再編成すること。メディアは百パーセント〝伝言板〟としての機能だけを持つこと。

・夫婦・家族を解体すること。

・主婦のやって来た仕事（料理・育児等）を、共同施設に移行させること。

・中・高校教育については、機関や方法を多様化し、15才以上は労働と学習を半々にすること。

・受験制度を無くすこと。

　岩谷がこう提案してから40年以上経つが、言うまでもなく、日本社会は、何も変わっていない。

悲しいことに、大半の日本人は、その一生を、「単なる個人でしかない個人」として、生き・死んで行くだけである。

　岩谷は、続けてこう書く。

　《（前略）重要なことは、いまからすでに、一人一人の個人が、単なるちっぽけな個人ではなく、全体性を内包した巨大な個人として、考え、感じ、行動して行くことなのだ》

　果たして今後人類は、弱い個人として、何もできずに一生を終えてしまう人を無くして行くことができるのだろうか。

　私にできることはただ、これからに希望を託すため、こうやって、岩谷の文章を引用しておくことだけだ。

　本号からは後、「ださい日本人」（30・31ページ）からも引用しておきたい。

　《小説もマンガも、また従来からあるメロディックな音楽も、人間を変えられない。（中略）永遠の、ちっぽけなみじめな自己同一。私は小説を読む人間を信じないし尊敬しない》（31ページ）

　この文章を読んでも私は未だ、小説やマンガを読み続けているが、それは、フィクションの世界に、救いを求めているからだ。辛く苦しく、思い通りには決してならない現実というものから一時でも逃れたいという願望が、私を「読む」という行為に没頭させている。

　確かに、本を何冊・何十冊・何百冊・何千冊読もうとも、私の有り様は一切変わっていないのだが…

　《貨幣制度は支配構造の七つ道具の一つ》《人間の宇宙的尊厳にとって、貨幣制度ほど屈辱的なものはなく》（31ページ）

貨幣制度ほど、屈辱的なものはない、私もその通りだと思うが、貨幣制度を無くすことは、今後も絶対にできないだろう。

　ただ、貨幣制度のある社会は、必然的に、この制度の犠牲者となる人間を生み出し続けるだろう。昨日も今日も明日も、犠牲者は生まれ続けている。

　しかし、貨幣制度が無くなった社会は、更に悲惨な社会になるのかもという怖れが、私には昔からある。

　結局、貨幣制度を軽蔑しながら、貨幣制度と付き合って行くというのが唯一、私たちにできることなのだろう。

　《(前略) もうひとつ、お金、貨幣というものも、人類の歴史と社会のひどさ、そして往々にして暴力性の原因になりますが、こちらも緩和されていく傾向はまだありません》(CD『イターナウ 今がすべて』のライナー「夢破れし『美少年歌劇団』」より)

　2022年に、岩谷はこう書いた。緩和されて行くことは、永遠にないような気がしてならない。

1979年7月号 (第51号)

　今号には、アルバム『ロジャー (間借人)』評が掲載されている。

　『ロジャー (間借人)』

　A面
　1「素晴らしき航海」
　2「アフリカン・ナイト・フライト」
　3「ムーヴ・オン」
　4「ヤサシン (長寿)」
　5「レッド・セイル」

B面
1「D.J.」
2「怒りをこめてふり返れ」
3「ボーイズ・キープ・スウィンギング」
9「レピティション」
10「レッド・マネー」

　ベルリン三部作の最後を飾る作品だが、『ロウ』『ヒーローズ』にあった緊張感は陰を潜め、メロウ（豊かで美しい、芳醇な、柔らかでなめらかな、などの意味）で聴き易い楽曲が並んでいる。

　『ロジャー』がリリースされる前、ある雑誌のインタビューで、「次のアルバムのタイトルは、『Nō』になる」と書いてあったのを読んだ記憶がある。

　実際には『ロジャー』だった訳だが、もし『Nō』だったらどうなっていただろうかと、今でも、ふと、思う。

　伝統芸能の「能」と、否定の「ノー」をかけたタイトルだとボウイはそのインタビューの中で解説していたが、『ロウ』『ヒーローズ』に続くアルバムとしては、これ以上ないくらいの、優れたタイトルではないか（そのインタビューが載った雑誌を見つけることができなかったので、詳しく書けないのが残念でならない）。

　「能」と「ノー」、その二つの意味を、確かに感じさせる内容だったのなら。

　『ロジャー』は、個人的に、昔から大好きなアルバムで、もしかしたら、『ロウ』『ヒーローズ』よりも聴きこんでいるかもしれない。

　今号の40ページに、RCAの全アルバム・リストが載っていて、その上には『ロジャー』のジャケット写真、更にその上には《ヨーロッパにアフリカに、そして日本に『間借』して、その鋭い洞察力でボウイーが見透したものは……。》と書いてあるが、このアルバムの内容を的確に捉えた文章だと思う。

世界あちこちを巡り廻ったボウイの、世界観察記が、本アルバムの内容である。

では、岩谷の文章に移ろう。

「デビッド・ボウイのニュー・アルバム〔間借人〕をめぐって 人間は『瞬間』において自由であり、自己として尊厳である」(18・19ページ)

《ロックの最も本質的な部分を純粋に継承しようとしている、いまとなっては数少ない人の一人がデビッド・ボウイ》《ロックの本質的な部分——それは、人間の現状を批判し、乗り越え、変って行こうとすること》(18ページ)

この文章を読むと、岩谷はまだボウイに期待していたことが分かる。ロックの本質が、そのようなことだったら本当に素晴らしいと思うが、レコード会社がアーティストに第一に望むものは、「売れる音楽を作ってくれ」ということだろう。

ロックの本質を継承して行こうという意思を保ち続けることと同時に、レコード会社の期待にも応え得ること。この難解な命題に挑戦し続けたボウイを、私はやはり支持したいと思う。

《A1は、思想、主義、信条、国家といった、主に男性的な動機に対して、いろんな所で、いろんな人が、いま、とにかくなんとか生きてる。生活しているという事態を、やんわりと対置させる》(18ページ)

思想や主義、信条をちゃんと持っている人はエライ、今もそう考えている人が圧倒的に多いだろうが、それらがすべて「男性的な動機」だという岩谷の指摘は鋭いと思う。

以降、岩谷は各曲の内容を、以下のように解説している。

A2、巨大なアフリカに幻惑した小さな白人である自分を歌った曲。

A3、旅に対し幻想を持っているかのようなボウイを、岩谷は批判する。

A4、都市で生き続けるしかなかった、無力な老人達への賛歌。

A5、中国軍の少年兵の中にも、ひとつの純粋な生命が息づいていることを歌った曲。人間一人、一人の弱い生命に立脚した、保守でも革新でも、右でも左でもない第三の勢力が必要だと、岩谷は言っている。

そして、B面で展開されているのは、ディスク・ジョッキー批判、少年への揶揄、男性批判、貨幣批判等だということが、書かれている。

このように、バラエティに富んだ内容であるが、全体としては散漫であることは否めないだろう。「間借人」というタイトルからして、ボウイの迷い、不安を投影しているかのようだ。

《それは、間借先にうちとけることはできないし、さりとてそこの文化等の本質を把握することもできない、きわめて表層的なつき合い方しかできない間借人である》（19ページ）

……だとすると、私自身も「間借人」なのではないか。韓国ドラマ『マイ・ディア・ミスター～私のおじさん～』（イ・ソンギュンと、IUこと、イ・ジウン主演）の中に、「この世は地獄で、私は刑を受けるために生まれて来た」という意味のセリフがあったが、私もその一人かもしれない。刑務所に収監された囚人で、始終、いろんな刑務所を渡り歩かされているのである。

人生や、世界の本質は、一生かけても分からず、表層的にしか、世界と関わることのできない「間借人」とは、私であり、あなたなのかもしれない。

最後に、A面1曲目「素晴らしき航海」について書いている、次の文章を紹介しておきたい。

《人間は常に、「瞬間」において絶対的に自由であり、自己として尊厳である。それは、どんなにみじめな死の瞬間においてであろうと同じである》（19ページ）

ボウイはこの曲の中で「人間の尊厳の確立とやらも大切だが、今生きていること自体、同じように大切だ」と歌った訳だが、それに対し、岩谷は、「いや、人間はそのままで、尊厳を確立している存在だ」と言っている。

　ただし、この「尊厳」を、北沢杏里は「誠実」（シンコーミュージック『デビッド・ボウイ詩集』）、古川貴之は「忠誠心」（シンコーミュージック『デヴィッド・ボウイ詩集 スピード・オブ・ライフ』）と訳していることは書いておきたい。

　歌詞カードを見ると「dignity」なので、「尊厳」や「品格」の意味でいいのだが、古川貴之の本では、「loyalty」になっている。これだと、「忠誠」「忠実」などの意味になる。

　機会があったら、ぜひこの箇所に注意して、聴いてみて欲しい。

　何にせよ、「素晴らしき航海」とは、ボウイが、今までの自分を振り返り、これからどうして行こうか、その想いを歌った曲だと思う。

　（今、生きていることは、どんな人生を送っていようと、「素晴らしき航海」なのだよと言っているような邦題が素晴らしい）

　だから、「僕たちは父のいない無能人間」「僕はもう二度と、カッコイイ（高尚な）言葉なんて言えない」「僕はまだ勉強中」「何かあったら、書き留めずにいられない」といった言葉が出て来るのではないか。

　1999年の再発CDには、サエキけんぞうがライナーを書いていた。その中でサエキは、（『ロジャー』が、『ロウ』『ヒーローズ』とは趣きを変えたのは）《ボウイが自身の存在イメージが荘重になりすぎることを恐れたのではないでしょうか?（中略）ロック・スターなのにファシストになってしまう。いわゆる「エラそうな存在のウザったさ」「荘重さに混じる嘘」というものをボウイは感じたのではないでしょうか?そうしたものを何よりもキラっているのだと思います》と書いている。

ジャケットに写る、鼻がひしゃげた状態で、トイレの床に転がっているボウイ。カッコいい自分をかなぐり捨てて、新生ボウイとして第一歩を歩き始めたアルバムとして、本作を聴き直してみたい（とは言っても、このジャケットも、見方によってはとてもカッコいいのだが）。

　最後に、このアルバムで私が一番好きな曲「怒りをこめてふり帰れ」について、古川貴之が書いている文章を引用しておこう。

　《ここに登場する惨めな死の使いによって語られる"怒りをこめてふり帰れ"という言葉こそは、常にあらゆる過去は忌むべきものでしかなく、また同時に、いかなる「未来」という名の留保も許されない状況で、まさに今この瞬間に全てが投じられなければならないのだ、というボウイの活動の根底に一貫する「刹那」に対する信仰が明確に表明されるラインとして極めて重要だ》（『デヴィッド・ボウイ詩集 スピード・オブ・ライフ』より、295ページ）

　私にとってボウイとは何か。一言でいうなら、「刹那の英雄」だ。

　本当のところをいえば、ボウイに限らず、私たちに確かなものは、今、この瞬間しかないのではないか。ジョン・レノンは《「いま、この瞬間だけなら大丈夫です。（中略）いま、この瞬間を生きる、ということです。持ちこたえていれば、紅茶が飲めるかもしれないし、つかの間の幸せがいまにも手に入るかもしれないのです」》（草思社『ビートルズ革命』片岡義男訳より、196ページ）と語ったが、瞬間、瞬間を生きること、それだけが、私たちに許された生き方だと思う。

　岩谷も《人は、時間に対しては全く無力である。だから、かかずらう必要がない。時間なんて、評論家にくれてやれ。あるいは、のちのちの歴史家にくれてやれ。おまえは、今を、淡々とつっぱしっていればよいのだ》（『RO』1978年5月号〝かわく〟とはどういうことか」より、36ページ）と書いている。

　『ロウ』の1曲目は「スピード・オブ・ライフ」だったが、この言葉は『ヒーローズ』の最終曲「アラビアの神秘」にも出て来る。すなわち、『ロウ』と『ヒーローズ』で二部作、という捉え方も可能なのだ。

そう考えると、実は、『ロジャー』が『ヒーローズ』に続く、三部作の最後を締めるアルバムにならなかったことも、『ヒーローズ』が発売された時点で分かっていたことだったともいえる。

1979年5月号 (第49号)

「外側の世界を変えることは変わることでない ストラングラーズ等をネタに」
(24・25ページ)

《音楽家が、音楽以外の要素で、スター幻想やその他で、客をたぶらかせる時代は過ぎ去りつつあり (後略)》(25ページ)

しかし、21世紀の今日にあっても、「スター幻想」は無くなっていない。音楽業界も出版業界も、映画・ドラマはもちろん、スポーツの世界でさえ、今もスターをでっち上げることによって、多大な利益を得ている (ように見える) 様相は、何も変わっていない。

ただ、私は岩谷のように、「スター幻想」は、100％忌むべきものだと、結論付けてはいない。

残念なことに (そして悲しいことに)、この砂漠のような社会システムに生きざるを得ない私たちは、そこから一時的にも脱却できるオアシスを、必要としているのではないか。

「スター幻想」とは、そのようなオアシスの一つとしてあるように思う。

今も、この疎外社会に傷付き、路頭に迷っている人は、沢山いる。

私自身の経験から、スターやアイドルを必要としている人は、心が傷付いている人だと思う。

そして、傷が深ければ深いほど、沢山のスターを必要とする。

《ボウイという人は、私達の目に触れ始めたその初期には、従来の伝統的男臭さとは縁のない、美しい透明なあり方でもって、文字通り「別人」を呈示できた。しかしそれは、ジギー等の仮構でもって人為的に創出されたものである。彼は、そのがんばりを、いくらしんどくても持続すべきだったと思う》(25ページ)

しかし、ボウイがジギー期のコンセプトをずっと引き摺っていたら、最後には精神が破綻してしまったのではないか。

高い塔の上から飛び降りるほどの創作活動を、あれ以上続けていたら、ボウイはその肉体ともども、滅びるほかなかったのではないか。

したがって、「持続」することを止めてしまったボウイを責めることは、私にはできない。

70年代にあれほどの音楽的跳躍を果たし、ロックを進化させ続けたのだ、80年代以降、「ロックを進化させる者」から降りたことも、仕方無いことだったのだと思う。

しんどいことから降りてくれたからこそ、彼は80年代以降も生き延び、私たちに新たな音楽を届け続け得たのだから。

最後に、63ページに『ステージ』の広告が載っていて、そこにはこんなコピーが付けられているのだが…

《何も信じない! Bowie以外は…… BOWIE IS YOUR RELIGION》

いや、「ボウイを宗教にしちゃ、ダメでしょう!」と、声を大にして言いたい。

1979年10月号 (第54号)

「デイヴィッド・ボウイが触れた現代社会の傷」(26・27ページ)

《アルバム『アラジン・セイン』の最終曲を「レディ・グリニング・ソウル」という。黒人売春婦だ。彼女の、目に冷たい光の走る〝グリン〟が、見える。ここでボウイーは、グリンすることをむしろ賛美しているように思える。個の、それも現体制の中にカケラほども肯定的な位置を得ていない（という意味で）純粋な個の、深さとすごさを示すものとして…》（26ページ）

　「レディ・グリニング・ソウル」の邦題は「薄笑いソウルの淑女」で、グラム期のボウイしか持ち得ない妖艶さと、耽美さに眩暈を覚えるような名曲だ。

　「grin」を英和辞典で引くと、「歯を見せて笑う」「歯を見せて、ニヤっと笑う」等の意味が出て来る。

　このような笑いを見せられたら、大抵の人間は、ゾっとしてしまうだろう。

　しかし、現体制の中に、ちゃんとした位置を得られなかった者なら、時に口元がゆがむのも、致し方ないことだろう。

　今日まで、子どもたちが大人になるとは、今ある社会体制の中で、社会から認められる立場に自らを仕立て上げることを意味した。

　簡単に言えば、金を稼げる人間になることが（それも、稼げれば稼げるほどよろしい）、一人前の大人になることだった。

　ロックとは、そのような価値観に対する否定である。しかし、ロック音楽も結局、商品社会で売りに出される商品であるという性格上、己が間違っていると思う価値観に乗じて、メッセージを発していたに過ぎないことに気付く。

　どんなに嫌でも、この社会で生きて行くためには、貨幣制度の価値観の中で生きざるを得ないのだから。

　《グリンとはまずなによりも、対象化する視線への拒否である》（26ページ）

人間は常に、他者によって何ものかとして対象化されてしまう。そんな在り方への、「ノン!」という意思が「グリン」なのか?

　《はるかにのちのアルバム「ヤング・アメリカンズ」では、ボウイーはグリンに対して否定的である。「そんなに居心地悪げにニタニタしなくてよい! 勝つことだけ考えてろ! とアジる。ちょうどこのころから、まったくグリンしない、表情ひとつ変えない黒人音楽家（レゲエのミュージシャン）が世界の全面に胎頭してくる》（26ページ）

　「胎頭」とは、「台頭」（勢いを増してくること）の誤植だと思うが、あえて「胎」（みごもる、はらむ以外にもはじめ、きざしの意味がある）の字を使ったのかもしれない。

　岩谷がここで言っている曲は、「愛の勝利」のことで、「君はとにかく勝て」と歌われている。

　今回のタイトル、「現代社会の傷」とは何か、岩谷は次のように書く。

　《主観の持つエネルギーが客観の中へ十分に解放されず、それぞれが別だ、ということになっているから、いわば孤児のような主観エネルギーに「趣味」、「道楽」、「恋」、「セックス」、「犯罪」、「レクリエーション」等々、もしかして「ロック」もあてがいぶち的にあてがわれる、これが現代社会の唯一最大の傷である》（27ページ）

　岩谷が言わんとしていることが、未だ私には上手く理解できないでいる。

　したがって間違っているかもしれないが、私は、「現代のような疎外社会では、人は、世間と私との間に、大きな壁を感じずにいられない。その空しさから逃れるため、私たちは否応なく、趣味等に、救いを見出さざるを得ない。それが、私たちが今、傷だらけである主因だ」というような意味だと、勝手に解釈している。

　《わたしがいないときに、わたしぬきで、つくられた規範というものは、やはり、

根本的におかしいではないか》（27ページ）

　確かに、あきらかにおかしいのだが、無力な個人に、そんな社会を変える力は
ない。

　「マイ・ナンバー」にせよ、「SDGs」にせよ、「消費税率」にせよ、「GIGAスクー
ル構想」とかやらにせよ、「今、多くの人々に強いられている生き方」にせよ、
私たちの生活に直結するすべての事柄が、私たち抜きで、いつの間にか決められ
てしまっているという現状がある。

　「私たちのことを、私たち抜きで決めないで」（2006年に国連で採択された「障
害者の権利に関する条約」が作成されたときの合言葉）という言葉があるが、私
たちにとって大切なことは常に私たち抜きで、今も決められているのではないか。
見知らぬ他者によって。

　今後、何十年・何百年経とうと、一部の権力者がすべてを決め、残りの全ての
人間は、その決定事項に唯々諾々と従うしかないという人間社会の在り方は、変
わらないのではないか。

　その中心にあるのが、「貨幣」である。

　《かつて、ロックの中には、欺瞞（ライ＝lie）という言葉がひんぱんに、攻撃
対象として出てきた。しかし、最新アルバムの中でボウイーは、欺瞞的な世界と
は言わない。「犯罪的な世界」と言う。断罪してしまったのである》（27ページ）

　「犯罪的な世界」とボウイが歌ったのは、アルバム『ロジャー』の冒頭を飾る曲、
「素晴らしき航海」である。この曲でボウイは、「この犯罪的な世界では、間違っ
た言葉を吹き込まれる」と歌っている。

　「犯罪的な世界」（原文は「criminal world」）という言い方には、納得する人も
多いのではないだろうか。

一人・一人の人間をとことん苦しめ、多くの人間を絶望させたこの「犯罪的な社会」はきっと、今後もずっと続くのであろう。

　したがって、悲しいことに、いわゆる「無敵の人」による無差別殺傷事件は、これからも絶えず起こり続けるだろう。

1980年

1980年5月号（第61号）

「ロックの概念1 愛への警戒」（30・31ページ）

《（前略）たとえば、デイヴィッド・ボウイーはきれい! とかじゃなくて、あいつも、かなり、おなかが出てきたし、顔のヒフもユルユルになってきたなあ、ってなところで、あいつの、この、ついに、生活という事業すら持続できなくて地表をウロウロしてばかりいて、もう、あいつもあかんワ、と、彼自身の中に残酷な二面性をはっきり見て取る。だから、ファン、ってものは、ダイヤモンド・ドッグスのジャケットじゃないけど、原理的にきたなくて、しかも自分のきたないことに甘えてすらいる》（31ページ）

　岩谷は、スターという存在を、否定し続けて来た。しかし、ボウイは結局、最後までスターだった訳で、その意味では今も、岩谷はボウイを否定しているのだろう。

　ボウイも、自分のカッコ悪い写真を、表に出すことは無かった。

　晩年、マスコミからずっと遠ざかってしまったのは、病気や老化によって、美しくいられなくなった自分を表に晒すことを、潔しとしなかったからかもしれない。

　その結果、美しいまま私たちの元から去って行ったボウイに、私は今も、淋しさを感じずにいられない。

「『出版人』とは何者か?」(54・55ページ)

《わりと、ズバッと本質を突いた発言をするやつが何人かいるだけでもロックは好きだが、それらの好きな言葉のひとつにFilm is a saddening bore. ─映画とは、人の気持ちをみじめにさせる退屈(D・ボウイー)ってのがあって、これは特定の映画のことを言ってるのでなく、また、必ずしも映画のことだけを言ってるのでない》(55ページ)

「Film is a saddening bore」は、「映画は悲しくなるほど退屈」とも訳せるか。

この言葉が出て来るのは、アルバム『ハンキー・ドリー』収録の「火星の生活」において、である。

この曲の中で、母親にどなりつけられ、父親には「出て行け!」と言われた少女は、映画を観に映画館に入る。

現実に考えてみれば、退屈だったのは、少女が観たその映画の内容だった訳で、ボウイが、「映画とはすべて、みじめで退屈なもの」と言いたかったのかどうかは分からない。

ただ、岩谷は「映画とは、どんな映画でも、人をみじめな気持ちにさせる退屈」という意味で、このラインを受け取ったことだけは確かだ。

映画のみじめさとは、何だろうか? 私自身、年に20本程度は毎年映画館で映画を観ているが、時に、あまりに酷いストーリー展開に、面食らってしまうことがある。そんなとき、私は作り手と受け手との間には、深くて暗い溝があると痛感させられてしまうのだが、その「溝」を感じるのは、映画ばかりではない。

小説も、その他の出版物も、ドラマも、受け手はいつまでも受け手のままであることを強制させられていて、例えばある映画を観てどんなに疑問を感じたとしても、その疑問を作り手に直接聞ける回路はどこにもない。

出版社を通じて質問を送り、著者から回答が送られて来たことは、あるにはあるが、ほとんどはなしのつぶてだった。

　単なる受け手は、送り手にとって、「文句を言わず、黙って金だけ払えばよい存在」でしかないと、思わざるを得ない。

　だから、映画も小説もドラマも、所詮は「みじめな退屈」に過ぎないのだ。

　岩谷は『オトコの光景　その粗暴なる知の解剖』（JICC出版局）の「14映画」の中で、こんなことを書いている。

《映画は、余剰エネルギーの吸い取り紙だ》（75ページ）

《映画館は、暗闇のガス室である》（75ページ）

《現実世界の人格的不能をとどめおく壮大な装置である映画》（77ページ）

　しかし、社会が、疎外社会であるかぎり、貨幣の恐怖から逃れられない社会である限り、私は（私も）、明日も明後日も、映画館に足を向けるだろう。

　社会から疎外されている、そんなふうに思っているのは、私だけではないだろう。この社会が「疎外社会」「ささくれ立った社会」になってしまった根因を、内山節は、次のように書く。

《自分がいなくても何も困らない社会が私たちの前にはあり、この社会の中では、その役割をこなす数だけがいればよく、それは私でも彼でもかまわないのです。ここに、現代社会に暮らす人間たちの悲劇が生まれました》（岩波書店『子どもと教育　子どもたちの時間　山村から教育を考える』より、36ページ）

　映画や出版物等、商品として私たちに提示される表現はすべて、金を払う人間が、AさんでもBさんでも、誰でも構わない、という特性を持っている。

142

だとしたら、送り手（映画会社、出版社等）にとっては、与えられた商品に何も文句を言わず、黙って金を差し出す無名人が一番良い、ということになる。

　マスコミで、この映画はこれだけの興行収入を上げた、あの小説は何十万部も売れたと報道されることがあっても、個々の鑑賞者や読者の存在が、俎上に挙がることは、まず無い。

　このことをもってしても、送り手にとって受け手とは、具体的な人間ではなく、集団でしかないこと、名前の無い人たちでしかないことが分かる。

　いつの日か、そんな立場に置かれ続けた映画ファンの、読者の、消費者の復讐が始まるのではないか。いや、始まるべきだと思う。

　与えられた商品に対し、どんな疑問を抱いても、何一つ受け手に問い質す回路が無い現状は、「みじめ」そのものである。

　一（出版社、映画会社等）から、多（映画や音楽等の鑑賞者、読者等）へとばらまかれ、社会へと放たれた表現の数々が、どこの誰によって観られ・見られ・聴かれ・読まれ、どのような感想を抱いたかのほとんどが、全く見通すことのできない現状は、不気味としか言いようがない（今は、沢山のネット・レビューがあるじゃないかと言われるかもしれないが）。

　《いま、たいていの表現物が、コンベアーの上を流れるトマトちゃんとなって、どこかNowhere Placeへと流れ消えて行く（後略）》（55ページ。「Nowhere Place」とは、「どこにもない場所」の意味だろうか。ザ・ビートルズの「ひとりぼっちのあいつ」（「Nowhere Man」を踏まえているのは確かだろう）

1980年9月号（第65号）

　今回、岩谷がレビューしているのは『スケアリー・モンスターズ』だが、これが、岩谷が『RO』誌上でボウイのアルバムを2ページ以上でレビューした、最後のアルバムとなった。

『スケアリー・モンスターズ』

A面
1、「イッツ・ノー・ゲーム（パート1）
2、「アップ・ザ・ヒル・バックワーズ」
3、「スケアリー・モンスターズ（アンド・スーパー・クリープス）」
4、「アッシュズ・トゥ・アッシュズ」
5、「ファッション」

B面
1、「ティーンエイジ・ワイルドライフ」
2、「スクリーム・ライク・ア・ベイビー」
3、「キングダム・カム」
4、「ビコーズ・ユア・ヤング」
5、「イッツ・ノー・ゲーム（パート2）」

「ロックと革命との関係のなさ」（18・19ページ）

《うが――、あっと驚くニュー・エル・ピー＆ほんの二・三秒後には〝笑っちゃう〟ニュー・エルピー》（18ページ）

　岩谷のレビューは、のっけから厳しい。1曲目「イッツ・ノー・ゲーム（パート1）」には、日本語ナレーションが付いているのだが、当時、渋谷陽一は自身のラジオ番組でこの曲を流したあと、「アングラ劇を見ているよう」というようなことを語っていたが（私の曖昧な記憶で書いていることをご容赦願いたい）、言い得て妙だと思う。見世物小屋のような演劇を見ているような不穏な空気が、この曲には確かに流れている。

　歌詞の一節《俺の頭に弾を撃ち込めば　新聞は書き立てる》は、このアルバムが発表されたのと同じ年の12月8日、ジョン・レノン暗殺事件で現実と化してしまった（レノンは頭に狙撃された訳ではないと思うが）。

1曲目を聴いて、笑ってしまった岩谷の気持ちも、よく分かる。

　《なんか、すごいというか、あきれはてるというか、つまり、こんな、印刷されたメディアとか出版販売されるレコードとかでは、こう、宿命的コムユニケーションは成り立たないわけ。そこで、あたしならあたしで、ボウイーならボウイーで、一方的にカッコつけるわけ。一方的にカッコつけて「さあ殺せ! おれを殺しゃあ、新聞が騒ぐぜ!」なんて、まったく、今回のエル・ピーは笑ってしまう》（19ページ）

　念のため、《コムユニケーション》という表現は、原文のママ。

　出版社等が販売する雑誌・書籍等に、コミュニケーションは無い、というのは、岩谷の一貫した考え方の一つ。

　《彼は、彼一人、その、壮絶な悲劇を演じている。そろそろ、ほんと、殺してあげた方がいいのかもしれない》（19ページ）

　メディア上のスターを演じることは、悲劇以外の何ものでもない、ということか。

　《と言うのは冗談で、要するに、いわゆる体制の厚顔鈍重な男性がお互い、殺しちまいたいくらい気に食わないのだから、もう一度、「ネオ・グラム」というか、そんな感じで、スルどく、ウツクシく、キョーレツに、再出現した方が、だんぜん、いいと思うョ》（19ページ）

　アルバム『レッツ・ダンス』も、「ブルー・ジーン」のPVに登場した架空のスター、スクリーミング・バイロンも、十分美しく強烈な再登場だったと思うのだが、岩谷はどう思ったのだろう?

　最後に、アルバム『スケアリー・モンスターズ』を包括した批評として、古川貴之の文章を紹介しておきたい。

《ここでボウイは遂に「裸」をこそ獲得したのだとも言えるが、しかし、「裸（≒大人》になれた時点で、世界を相手に飽くなき自己探求の闘争を繰り広げてきたこのアーティストの推進力は失われたのである》（シンコーミュージック『デヴィッド・ボウイ詩集 スピード・オブ・ライフ』より、315ページ）

　ボウイ、70年代の旅の終わりと共に、岩谷とボウイの蜜月も、ここに終わりを告げた。

1980年10月号 （第66号）

「敗者（ルーザーズ）のゲーム」（24・25ページ）

《(生命の危機をヒリヒリと自覚していたかつてのデイヴィッド・ボウイーはどこに行ったのだ! ギャイン》（24ページ）

　何度も書くが、「生命の危機」を自覚した表現を続けていたら、ボウイはもっと早くに命を落としてしまったのではないか。岩谷の要求は、酷過ぎると思う。

1980年11月号 （第67号）

「ノイズ閾」（24・25ページ）

　文中に、「ステイション・トゥ・ステイション」の歌詞の一部が引用されている。

Drink to the men who protect you and me.
It's too late to be grateful.

　"あなたと私を守ってくれる者たちに乾杯しよう""感謝するには遅過ぎる"というような意味か。

《楽音とは、野獣が気味悪いから結婚しない美女の心証だ。ノイズは、わけわからん多様な生起を、まるのまま、愛してしまうことだ》（25ページ）

146

アルバム『ヒーローズ』収録曲「美女と野獣」を思い出させてくれる文章だが、この論文を、私は未だきちんと理解できないでいる。

なので、この辺りで止めておく。

1981年

1981年1月号 （第70号）

アルバム『スケアリー・モンスターズ』に関して、ボウイがインタビュー（架空インタビューではない）で全曲解説している。

気になる箇所だけ、引用しておこう。

「イッツ・ノー・ゲーム（パート1）について《あの中で日本人女性を使ったのは、女性に対して定着している差別的な考え方を打ち壊したかったんだ。（中略）友人の日本人女性にサムライ風のフィーリングでかなり力強い声を出してもらった》（3ページ）

その女性の名は、ミチ・ヒロタと言う。当時、ニューヨーク在住の日本人舞台女優だったらしい（古川貴之著『デヴィッド・ボウイ詩集 スピード・オブ・ライフ』シンコーミュージックより、316ページ）

アルバム・ジャケット等で、ピエロに扮したことについて《12、3年前のことになるが、私はリンジイ・ケンプ・マイム団に入っていて、このピエロのキャラクターは当時ケンプ氏が創り出したものに基づいている。姿のいいビクトリア時代風のピエロだが、よくよく見ると、良からぬ面も見えてくる。ピエロの持つ2つの顔というわけだ》（2ページ）

ピエロには2つの顔があるというのは、よく分かる。お道化ているようでいて、ピエロには、恐怖感も抱かされる。

「アッシェズ・トゥ・アッシェズ」のPVでの、ボウイのピエロ姿には、インパクトがあった。

アルバム『ロジャー』で、鼻のひん曲がった自分をジャケットに使ったことにも似て、ボウイには、自らを道化としたい願望があるのかもしれない。

ご立派で、品のある芸術家になってしまう、世間が自分をそう見てしまうことを拒否したい気持ちが、ボウイには最初からあったのではないか。

ボウイは、自らを道化にして、70年代に別れを告げたのである。

今号には、岩谷の、次の文章も掲載されている。

「自然はドラッグ・言葉はドラッグ」（58・59ページ）

《デイヴィッド・ボウイーが日本語の勉強をしているそうだが、これは趣味ではあるまい。地球上のあっちこっちを、長い間ウロウロした挙句、日本の中に、なにかを嗅ぎつけたのに相違ない》

ボウイが日本語を勉強していたのかどうか、私には分からない。ただ、『デヴィッド・ボウイ詩集 スピード・オブ・ライフ』によると、「イッツ・ノー・ゲーム（パート1）」は、もともと、ボウイ本人が日本語で歌う予定もあったそうなので、可能性としてはあったのかもしれない。

1987年リリースのアルバム『ネヴァー・レット・ミー・ダウン』の日本盤LPのA面6曲目には、「ガールズ（日本語ヴァージョン）」が収録されていた（「ガールス」と表記されていたらしい）。

《また、ジョン・レノンが感動し、ヨーコさんにホレるきっかけとなったYESの表示も、「そら」が単に「そら」であったり、「うみ」が単に「うみ」であったりする、なんというか、キレーーイにスッコぬけた、日本的感覚が基盤にあるのではないか》（59ページ）

148

ジョンとヨーコのこのエピソードは有名だが、私が初めて知ったのは『ビートルズ革命』（片岡義男訳　草思社）を読んだときである。

　興味があったら、本書の246・247ページをご覧いただきたいと思うが、「NO」ではなく「YES」に救われたジョンの気持ちは、よく分かる。ジョンは、「マインド・ゲームス」という曲の中で、"YESこそ答えだ"と歌った。

1981年11月号

　『RO』誌を取り上げるのは、これが最後になる。

　「なぜ、たとえば、日本の童謡か」（30・31ページ）

　《（たとえば「ビー・マイ・ワイフ」とは言えても、「ユー・アー・マイ・ワイフ」と言い切ることのできないD・ボウイー、世界中を転々とするツーリストでありつづけるしかないD・ボウイーの姿は、ヨーロッパ社会の落とし子としてのロックの姿を、もっとも正直に示しているものと言えます。)》（30ページ）

　岩谷はもう、「ロックを終わらせていた」のだろう。

　最後に、「Disc Review」に載った、次の文章を紹介しておきたい。

　《たいていのロックについては「よくまあ、こんなうっとおしい音を聞いてたもんだ!」と、遠い昔のような気しかしないのである》（51ページ）

　当時、岩谷が関心を寄せていた音楽はレゲエだった。

極私的ボウイ論 ①

　以下は、私が2020年に書いたボウイ論だが、今まで発表の機会を持てなかったので、本書で公開することにした。本書の内容と重複する箇所もあるが、当時の想いをそのままに残しておきたいので、あえて手は加えていない。また、谷崎潤一郎の『陰翳礼讃』（新潮文庫　等）は本論と通底するので、興味のある方には、ぜひご一読願いたい。

　桜井浩子氏は、『桜道―「ウルトラマン」フジアキコからコーディネーターへ』（小学館）の中で、陰翳礼讃の意味を「日本家屋の障子に映る影や部屋の暗がりを愛でること」（166ページ）と綴っている。

「"精神の死"を見つめた表現者たち
―ボウイとイギーと大林監督と」

　5月8日、キング・クリムゾンのロバート・フリップは、妻のトーヤ・ウイルコックスと共に、デヴィッド・ボウイ「ヒーローズ」のカヴァー映像を公開した。

　本曲が初めて世に出たのは、言うまでもなく、1977年のことである―

Ⅰ　2020年

　イギー・ポップのボックス・セット『1977-ザ・ボウイ・イヤーズ』が、日本では今年5月29日に発売された。7枚のCDが収められているが、中心となるのはもちろん、1977年に発売された2枚のアルバム『イディオット』と『ラスト・フォー・ライフ』である。

　美麗ボックスや、40ページにわたるハードバック・ブック（『The Making Of The Idiot』と題されていて、キーボードを弾くボウイの写真も1ページ大で掲載されている。モノクロが基調の色彩も美しい）など、丁寧な仕事ぶりが嬉しい作りで、所有欲を十分満たしてくれるアイテムとなっている。また、個人的には、

デザインに非常に凝った、12ページのブックレットも嬉しかった。

　ただ、なぜ発売が今年、2020年になったのかは分からない。だが、私自身今なお「1977年」という年には深い思い入れがあるので、発売されたことを素直に喜びたいと思う。

　このボックスを中心に、同年のボウイとイギーについて語りたいというのが今回の論考の主旨なのだが、その前に、どうしても書いておきたいことがある。

　それは、今年4月10日に亡くなった、映画作家であり、「映像の魔術師」との異名も誇った大林宣彦氏の『時をかける少女』という作品について、である。

Ⅱ　1983年

　大林宣彦監督の訃報に初めて接したのは（おそらく4月11日の）朝のテレビ・ニュースだったが、その時アナウンサーは「『時をかける少女』の大林宣彦監督が亡くなりました」と告げた。

　大林監督の代表作はやはり『時をかける少女』だと世間的に認知されていることの、何よりの証左だろう。何といっても、大林監督の全作品中、一番のヒット作（薬師丸ひろ子主演・根岸吉太郎監督の『探偵物語』との2本立てで、1983年の邦画興行成績第2位を記録）なのだから。

　そして、かくいう私にとっても大林版の『時をかける少女』は、あまりに特別な映画である。

　筒井康隆氏の同名小説から純粋に人の想いだけを抽出し、極めて稀な純文学映画となった本作が、ボウイが『レッツ・ダンス』の大ヒットでメイン・ストリームに躍り出たのと同じ年に公開されたことは、偶然を超えた何かの力が働いたのではないかと思えてならない。（ボウイと本映画には、"孤独"という共通点も感じられる）。しかもこの年は、ボウイが出演した映画『戦場のメリークリスマス』が公開された年でもあるのだ。

一見、アイドル映画のスタイルを取りながら、ここで大林監督が描いたのは、"精神の死"とでも呼ぶべき、極めて文学的な主題であったことに注目して欲しい。

　その主題の一部を解説すれば、以下のようになる。

　本作のヒロイン・芳山和子が出会った深町一夫とは、未来から来た少年であると同時に、幼くして（両親と共に）死なねばならなかった者でもあった。

　こう考えると、和子が、深町との繋がりで超能力を得る"土曜日の実験室"とは、生と死とが交わる、異界であったことが分かる。

　したがって『時をかける少女』とは、私たちが異世界を覗き見てしまった映画だった。そして、異界から私たちを現実へと引き戻すのが、長い廊下を向こう側へと歩いて行く和子のショットを捉えたあとに始まるカーテンコールのシーンである。

　私にとって大林監督作品とは常に"現実では決して出逢えない人間同士が、スクリーンの中で素晴らしい心の交流をする物語"だったが、近年、監督は著書の中で、繰り返し同じことを語っていた。

　「もし世界が平和で、空気がきれいで、家族がみんな健康なら、みんなで手をつなぎ合って過ごせるわけです。そうしたら、映画なんか見る必要はなにもない」（平凡社刊『のこす言葉　大林宣彦　戦争などいらない-未来を紡ぐ映画を』より、105ページ）

　この世界の（今は）どこにもないハッピーエンドを、具体的な映像として人々に見せるのが映画だと語る大林監督は、いつの日か、映画が必要とされなくなる未来を願って、映画を作り続けるのだ、と言う。

　ロックも、もしかしたら同じなのかもしれない。

　いつの日か、音楽に救いを見出す必要がなくなり、私たちが真に幸福に生きる

とき、ロック（音楽）は要らなくなるだろうか。

　「生きている人間と死んでいる人間のけじめがない」「それがぼくの人の生死を見る目なんです」（同書の99ページより）

　デヴィッド・ボウイとは、深町少年と同じように、死者でありまた、未来からやって来た-そして、地球に落ちて来た者であった。一夫少年もまた、流れる星と共に、この地球に落ちて来たのだ。

　すなわち、遠い昔階段ですれ違った、ずっと昔に死んだと思っていた友人だ（ボウイの名曲「世界を売った男」の歌詞より）。

　その大切な友人は、『スペイス・オディティ』以降、生命の危機感にひりひりするようなアルバムを発表し続け、1977年遂に、一つの頂点に達した。

Ⅲ　1977年

　ボウイの生涯において、最も創造的だったこの年。ここで、この年に起こった、ボウイ関連の出来事をまとめてみよう。

　1月14日　アルバム『ロウ』発売。

　（日本盤の発売はオリジナルコンフィデンス発行『オリコンチャートブックLP編』209ページによると2月25日）

　3月18日　アルバム『イディオット』（邦題「愚者　おろかもの」）発売。

　（『RO』1978年8月号　通巻　第29号の40・41ページには『愚者』と『ロウ』、この2枚のアルバムを並べた広告が掲載されていた）

　4月12日　ボウイとイギー、プロモのために来日。

（この来日期間中に鋤田正義氏とのフォト・セッションが実施されている）

8月29日　アルバム『ラスト・フォー・ライフ』（邦題『欲情』）発売。

（日本盤の発売日は不明）

9月23日　シングル「"ヒーローズ"」発売。

（日本盤の発売日は不明）

9月28日　ボウイ、マーク・ボランのテレビ番組に出演。

10月14日　アルバム『"ヒーローズ"』（邦題『英雄夢語り』）発売。

（当時の雑誌に掲載された広告によると、日本盤の発売は11月5日だったと思われる）

12月24日　ボウイ、ビング・クロスビーのクリスマス番組に出演（収録は9月11日）。

（この番組は、当時日本でも放送された記憶がある。テレビのスイッチを押したら、たまたまボウイとクロスビーが映っている場面に遭遇して、驚いたものだ）

（引用図書＝シンコーミュージック・エンタテイメント刊『デヴィッド・ボウイ・ファイル』＋TOブックス刊『デヴィッド・ボウイ　コンプリート・ワークス』なお、日付は両書によって微妙に違うものもあるので、参考程度に考えて欲しい）

トニー・ヴィスコンティは、『Mojo』誌2016年3月号・ボウイ追悼特集のインタビューで、こう語った。「彼は、自分は人と違う、社会と馴染めないと感じている人たちに世界を開いた」と。

（参考サイト　http://rocqt.net/160126　ロック系インタビュー紹介サイト）

自分自身のことを振り返ってみても、私は、ヴィスコンティの言う通りだと思う。ザ・ビートルズが「エリナー・リグビー」で歌った"孤独な人々"は、昔も今も、そこかしこに、いる。

　今の社会の一般的な価値観に馴染めず、各々の場所で孤立を余儀なくされていた人々（特に、若い人たち）は、当時、ボウイの叫びに救いを見出したのだろう。

　社会に馴染めず、「火星の生活」に出て来る少女のように、例えば映画館の暗闇にしか、自分の居場所を見つけられなかった当時の子どもたちに、ボウイが伝えたのは「地下生活者」として生きることであった。

　『ロウ』の最終曲「サブタレニアンズ」でボウイは、陽の当たるところでなく、暗がりの、目立たないところでの連帯を呼び掛けた。

　もちろんそれは、具体的に地下に潜ってしまうこと（引きこもってしまうこと）を意味していない。あくまでも精神上の問題で、普通の、一般社会の中で生きながら、心の中では「地下生活者」を志向するという意味である。

　『イディオット』も『ラスト・フォー・ライフ』も、言うなれば、そういう、地下で生きることを決意した者たちに送られたアルバムだった。

　2枚とも、ある意味人間の精神の暗部を映したかのような内容（例えば、不道徳過ぎる『イディオット』の1曲目「シスター・ミッドナイト」）で、『"ヒーローズ"』の最終曲「アラビアの神秘」のように、人の心の奥の"シークレット・ライフ"に突き刺さる曲ばかりだが、私は特に『ラスト・フォー・ライフ』のA面に強く惹かれている。

　当時の日本盤の邦題『欲情』というのは、なかなか優れたタイトルだと思うのだが、1曲、1曲の邦題も秀逸なので、ここに記載しておきたい。

　A面
1「渇望」

2「シクスティーン」
3「奇妙な罪」
4「パッセンジャー」
5「トゥナイト」

B面
1「サクセス」
2「ターン・ブルー」
3「おびやかし」
4「恋しておくれ」

(『RO』1977年12月号　通巻　第32号　56ページの広告より)

　1曲目「渇望」で、"何がなんでも生きて行きたい"と宣言したイギーは、2曲目「シクスティーン」で16歳の少女に魅せられる。

　3曲目、酷い世界の光景に吐き気を催した彼は、ちょっとした奇妙な罪を犯したいと、ふと思う。居場所が無いと感じている人なら、共感大だろう。

　4曲目「パッセンジャー」でイギーは、結局自分は単なる乗客に過ぎない、と嘆く。この気持ちは、未だ映画やロックや小説やらドラマやらの、単なる消費者に過ぎない私には、実によく分かる。いつの日か私も、主体者に成る日が来るのだろうか？　無名の消費者という立場から脱して、ジョン・レノンの「インスタント・カーマ」のように、輝ける日が来るのだろうか？　いつか映画も音楽も小説も何もかも無くなって、陽の下で笑い合える日が来て欲しいと心底願う。

　そして、5曲目「トゥナイト」。死にゆく少女の枕元で、"一生彼女を愛する"と決意するイギー。彼の鬼気迫るヴォーカルには、胸倉を抉り取られるような迫力がある。切実さがある。

　私はこの曲こそが、当時のイギーとボウイが生み出した、一つの到達点だと思う。今、この瞬間に懸けるしかないロックを、ここまで見事に表現した曲を、私

は他に知らない。

　だから、私は今夜願うだろう。

　どうか今夜は、何もかもが上手く行きますように、と。

　どうか今夜は、すべての人にとって安心の夜であって欲しい、と。

　どうか今夜は、何事も心配が無いように、と。

　今夜は。

　今夜は。

　『1977―ザ・ボウイ・イヤーズ』は、今のところあまり話題になっていないようだが、イギー・ファンのみならず、ボウイのベルリン時代に強く惹かれている人には、ぜひ聴いて欲しいと願っている。

　最後に、ボウイの「"ヒーローズ"」という曲は、英雄を賛美している訳でも、英雄崇拝の曲でもないことを、はっきりと書いておきたい（渋谷陽一氏は、自身のラジオ番組でこの曲を初めて流したとき、「ボウイは、英雄という存在を否定していたはず」と、そんな意味のことを語っていた）。したがって私にはこの曲が、オリンピックや、その他、スポーツの祭典で流されることなど、とても考えられない。

第2章 『RO』誌以外の雑誌や単行本等 1973年〜1983年

　ここでは、『RO』本誌以外の雑誌や書籍、あるいはレコードのライナー、TV番組に載った文章や詩を紹介して行く。

1973年

『WonderLand ワンダーランド』第二号
（1973年9月1日発行 発売 晶文社）

　（第2号ではなく、第二号としたのは、表紙にそう書いてあったから。表紙には、「植草甚一編集」とも書いてある。植草甚一は、1908年生まれの、欧米文学、ジャズ、映画等の評論家。創刊号の表紙には「1973年8月1日発行」とあり、第3号（1973年11月1日発行）で誌名は『宝島』に変更された）

　目次を見ると、片岡義男・半村良・小倉エージ・落合恵子・小林信彦・松本隆・小野耕世等、錚々たる名前が並んでいる。

　今号の「特別大型企画」は「街とファンタジー」で、岩谷はここで執筆している。

　「デヴィッド・ボウイとストーンズの『まち』の死」（18・19ページ）

　この文章は、次の、全部で4つの表題から成り立っている。

　1、「『まち』はもうどこにもない」

2、「未練の代償としての『まち』」

3、「デビッド・ボウイがロンドンから」

4、「幻想としての田舎を求めて」

そして、1では「チェンジズ」「オール・ザ・マッドマン」、2では「タイム」、3は「クイーン・ビッチ」、4では「アラジン・セイン」「火星の生活」の訳詩の1部が、それぞれ掲載されている。

ストーンズとはもちろん、ローリング・ストーンズのことだが、この文章にはビートルズも登場している。

1より、《ペニー・レインで歌われたような、インマイライフで歌われたような、懐旧的な、そこが本当に、ラクに、落ちつける場所であるような「まち」は、もうどこにもない》(18ページ)

2より、《あの、他に類のない奇妙な声で、「ロックンロール・スイサイド……きみはロックをきく自殺者だ」ときめつけられたときのショック以来デビッド・ボウイは私にとって最高に気がかりな人物になった》(18ページ)

渋谷陽一が、昔NHKのラジオで言っていた。「ロックを聴いて、言葉の衝撃を受けたのは、ジョン・レノンの『ジョンの魂』が初めてで、2番目がボウイの『ロックン・ロールの自殺者』だった」と。

初のロック体験が『ジョンの魂』だった私には、渋谷の気持ちがよく分かる。

70年代において、「ロックン・ロールの自殺者」が、どれほどショッキングな曲だったのか、今の若い人たちに理解してもらうのは、難しいかもしれない。

「むら」から「まち」へ、そして「都市」へ。私たちの住む世界はここ数十年の間だけでもずいぶん変わったが、その変化は、人と人を切り裂き、孤立する方

向へと向かって行ったように思えてならない。

　都市は、無数の孤独な人間を生み、隣の人間さえ、赤の他人になってしまった。

　そのような歴史状況の中で、「ロックン・ロールの自殺者」を歌ったボウイの存在意義を、改めて検証したいものだ。

　《この文章にかぎらず、なんらかの型のととのった文章が、本になったり、雑誌に載ったりという形式そのものがまだ、あきらかに、対立関係の中にある（後略）》（19ページ）

　《（前略）いまのコミュニケーションのあり方というのは、たとえば雑誌の出版ひとつとっても、編集部とか、有名執筆者という「権威」から、多数の読者にモノが送られてくる、という、都会：田舎的な対立関係にあるものでしかない。この種の構造自体に、私達はとっくにアキているはずだが、まだ新たな形式によって満たされない今日また明日の空白は、やはりやるせない》（19ページ）

　岩谷が70年代に何度となく主張していたのは、正にこのことである。

　雑誌も、本も、「出版社」という権威（大出版社であればあるほど、その権威も大きくなって行く）、あるいは「作家」という権威によって作られ、多数の読者に渡されている。

　都会で作られ、田舎へと届けられるという、この出版にまつわる（音楽会社から送り出されるCDも同じ）対立構造をそのままにしておいていいのか、と、岩谷は言う訳だが、21世紀の今日も、その構造は変わっていない。

　だからこそ、末だ、この構造に乗っかりたい、自分自身も権威になりたいと妄想する人が、後を絶たないのだ。

　最後に、本稿における「火星の生活」の訳詩を紹介しておく。

《どこにも友達のない少女は
　こわされた夢を捨ててまちに出る》（19ページ）

私たちは皆、廃墟の都市の中で夢を壊された、儚げな少女だ。

第3号で『宝島』に誌名を変更した後、この雑誌は6号で一端休刊している。

せっかくなので、第2号以外の内容も、少し紹介しておこう。

創刊号（1973年8月号）

片岡義男「ロンサム・カウボーイ」

ちばてつや「あしたのジョーとは、きのう別れた」

筒井康隆 連載小説「モケケ・バラリバラ戦記」

第3号（1973年11月号）誌名を、『宝島』に変更

著者名不明「ビートルズ英和辞典」

特別企画「本を読もう!」長谷川四郎・丸山健一・浜野サトル 他

赤塚不二夫「バカボン・インタヴュー」

原正孝「グラム・ロックの音のかたち」

第4号（1973年12月号）

淀川長治「『映画の友』のこと、おぼえてますか?」

戸井十月「映画よ、時代を盗め」

田川律「まるで転がる石みたいだった」

第5号（1974年1月号）

横尾忠則「空飛ぶ円盤を求めて」

片桐ユズル「ディランを日本語にする」

桃井かおり「はらみのカンジにも似て」

第6号（1974年2月号）

堺正章「エイト・ビートに生きる役者」

四谷シモン「シモンスキーの手記」

梶芽衣子「恨み節インタヴュー」

　本号の最終ページには、「『宝島』のあわただしい休刊に関するお詫び」という文章が載っていて、休刊の主要な原因は、紙不足・製作にかかわる急激な値上げと書いてある。

　その後、1974年6月に、リニューアル創刊された。

1974年

『ROLLING STONE ローリングストーン』
1974年9月号 （ローリングストーン・ジャパン株式会社）

　1967年に創刊された、アメリカの雑誌『ROLLING STONE』の日本版で、本号は、通巻第13号である。

内容は、音楽だけに特化されていない。今号の目次から、いくつか拾ってみよう。

　「特集・理由なき反抗」

　「エリック・クラプトン」

　「クジラを殺すな! クジラは食糧か、人間最良の友か?」

　「加藤和彦インタビュー」

　岩谷はこの雑誌に、本家の記事の翻訳者として関わっていた。たとえば今号でも、「クジラを殺すな!」を訳している。

　ボウイに関する記事は113ページ、ここで岩谷は『ダイアモンドの犬』について書いている（レコード・レビューのページに載っていて、他にはエルトン・ジョンの『黄昏のレンガ路』、ポール・マッカートニーとウィングスの『バンド・オン・ザ・ラン』等が取り上げられている）。

　《(前略)〈ファイヴ・イヤーズ〉という一見SF幻想みたいな曲も、実は状況の切迫感について歌った曲以外のなにものでもなかった》

　《なによりもボウイの声の質そのものが、まさしく、切迫の表現であった》

　〈ファイヴ・イヤーズ〉はもちろん、アルバム『ジギー・スターダスト』に収録されている曲だが、このアルバム全体は、確かに、異様なほどの「切迫感」に満ちていた。

　それは、私たちの生そのものが、明日の生存さえ確信の持てない、絶えず切羽詰まったものであることと、全くパラレルだったのである。

　70年代のボウイの表現に共通するもの、それは「切羽詰まった感」だった。

『ダイアモンドの犬』というアルバムでも、ボウイの、未来に対する怖れに満ちた、切迫感に今にも崩れ落ちそうな声を、そこかしこに聴くことができる。

　《この『ダイヤモンド・ドッグス』は、技術的な完成をあえて無視し、個人の内面のモヤモヤや、イライラや悲しみをそのままぶっつけたような感がある》(『ダイヤモンドの犬』は、原文のママ)

　閉塞された社会の中で生きている私たちが、必然的に抱えた、イライラや、モヤモヤ、悲しみを表現したのは、当時ボウイだけでなく、たとえばピンク・フロイドの『狂気』なども、正にそうだったろう。

　決して解消され得ない生の苦しみを抱えている私たちは、それらの音楽に、一時の慰めを得ることでしか、今日の生を保てないのだ。

　《B面の一曲目は、「……でも、ぼくらはロックがあったもんなあ……」という、悲しんでいいのか喜んでいいのかわからないような曲で、やっぱり身につまされるのだ》

　この曲のタイトルは「ロックン・ロール・ウィズ・ミー」だが、紛うことなき名曲だと、初めて聴いたときからずっと思っている。

　「私とロックしてくれる何ものか」を絶えず希求し続けた70年代ボウイの、真骨頂とも言える曲だ。

　このアルバム以降、ボウイは、更なる進化を遂げて行くこととなる。

1975年

『エピタフ叢書第一回 世紀末解體新書 ロック訳詩集』
ロッキング・オン社 1975年5月15日第一刷

　ロッキング・オン社から発刊されたロックの訳詩集で、全部で45の詩（訳詩ばかりでなく、岩谷のオリジナルの詩もある）が掲載されている。

　岩谷だけでなく、松村雄策も参加しており、「君だけに愛を」（ザ・タイガース）「思い出すんだ」（ジョン・レノン）「ブルーバード」（ポール・マッカートニー＆ウィングス）の3曲を訳出している（「君だけに愛を」はもちろん、もともと日本語の詞なのだが、この曲を聴いて松村が何を感じ、どう思ったのかが、詩にされている。この詩に限らず、本書に収められているのはすべて、訳詞というよりやはり、書いた人間のオリジナルの詩、という表現が相応しいだろう。本書だけでなく、岩谷の訳詞とはほとんど、創訳というべきものなのだが）。

　ボウイの詩は「ロックン・ロール・ウィズ・ミー」と「ファシネイション」の2曲。特に「ファシネイション」は絶品だと思う。

《ここにエーテルの星を撒くはだれ?
　幼いつる草のむれは黄色い手に
　いちご色の光の花冠に》（「ファシネイション」78ページ）

　著作権を考えると、1部分しか紹介できないのが、残念でならない。古書店で本書を見掛けられたら、ぜひ手に取って欲しい。

　ボウイ以外の曲で、私が特に印象深かった詩も紹介しておこう。

《いつか
　きっとどこかで
　ぼくときみと一緒に
　人間の愚かな過去を

優しく笑い合える》（ブライアン・フェリー「アナザー・タイム、アナザー・プレイス」11ページ）

人間の過去は愚かだったというのは、正にその通りだと思う。

だからこそ、私たちは皆、苦しみながら毎日を生きているのでは?

《不思議な時代になったものです。人は多様化した時間の中へバラバラに拉致されて、僕も、きみのそばにいつも居てあげることができません。でも、泣かないでください。（と言っても、僕の分別が、きみを泣き止めさせることなど決してないでしょう）》（エルトン・ジョン「ユア・ソング」17ページ）

この曲にだけ、「（inspired by エルトン・ジョン）と書かれてある。「inspired」とは、「霊感によって触発された、霊感によって書かれた、インスピレーションを受けた」というような意味で、実は本書に掲載されている訳詩はすべて「inspired」と冠していいように思えるのだが、特にこの詩の場合は、原形をほぼ留めていないので、こう書いたように思う。

見事に、今の私たちが置かれている状況を言葉にしているといっていいだろう。

都市化の中で、一人ひとり、バラバラの時間に拉致されてしまった私たちは、その拉致された場所で生きることを強制させられている。そして、誰もがこの状況から逃れられない。そのことが、私たちに涙を流させるのだ。

拉致＝無理やり連れて行くこと、個人の自由を奪い、強制的に別の場所へ連れ去ること。

《（ロックは）だいたい時代批判・社会批判・歴史批判と、その主体となる、タマシイのもっと直接的なヨロコバシイあり方への肯定、大ざっぱに言って、この二つのことしか言って来てないし、それで十分、十二分です》（「まえがき」より、4ページ）

166

「あなたは、時代によって、社会によって、今までの歴史によって、引き裂かれ、苦悩し続ける個人として生きることを強制されているのだ」と聴き手に教え、では、その傷付いたタマシイはどうしたら救えるのかを歌ったのがロックだったのだと、今、改めて思っている。

『宝島』1975年12月号

リニューアル後の『宝島』だが、引き続き植草甚一が編集に当たっている。

今号の特集は「君は石である」で、そのPART2「不思議の国のロックンロール」の中に、岩谷の文章が掲載されている。

特集の巻頭言には《転がりゆく石のごとく、絶えず変化しつづけ》とあるから、ローリング・ストーンズを意識しているのは、間違いないだろう。

PART1の内容は、以下の通り。

「より良き日本をつくるための、マリワナ・アンケート」→今なら、「マリファナ」と表記するだろう。

「飛びなさい、できるだけ高く!」

PART2は、ロックの曲を題材に、何人かが小説を書いていて、たとえば―

「SHE'S LEAVING HOME」江崎泰子 ビートルズの曲

「I'M A WOMAN」菅野彰子 マリア・マルダーの曲

「SHOOTING STAR」北村耕平 バッド・カンパニーの曲

…と、こんな具合なのだが、岩谷が書いているのは、もちろんボウイである。

「ROCK'N'ROLL SUICIDE」（197 〜 202ページ）

　岩谷が取り上げたのがボウイの「ロックン・ロールの自殺者」だったというのは、よく分かる。私はこの小説（?）を、今まで何百回読み返したか分からないぐらいだ。

　ただ、逆に思い入れが強すぎて、この文章の魅力を上手く伝えられないかもしれない。

　そんな不安はあるのだが、早速引用を始めてみよう。

　《「ワレ既ニ万巻ノ書ヲミタル」今、人はなにゆえにまだ本を読むのか。なにか面白いことを求めて? 赤の他人がもっともらしく作り上げ、もっともらしく売りつけるものに面白いものなどいっさいないことは、あなたはとっくに知っていた》（198ページ）

　（赤の他人が、もっともらしく作り上げ、もっともらしく売りつけるものは、本とは限らない。CDやDVD、Blu-rayなども同様、誰か見知らぬ他人が作ったものを、お金を払って手に入れるという商品である）

　現在、読書という行為は、無条件にいいものと信じられている。

　だからこそ、学校では朝読書とやらがあり、世の中には、本を推薦する人が大勢いる。「読み聞かせ」というのも、広く行われているようだ。

　だが、「人はなぜ、本を読むのか? 今もなお」と問われた場合、私たちはどう答えるのが正解なのだろうか?

　《そうだ、人間はいつも「この期におよんで」実にどうしようもなくヒマになってしまうのだ。徒労な旅を終え、疲れ果てた視線が、このザラ紙の雑誌に漂着する》（198ページ）

当時の『宝島』で使われていた紙は、「ザラ紙」（上質ではない紙）だった。

　朝起きて、1日を過ごすことは、時に、途轍もなくシンドイことだ。

　「その日」という徒労の旅を終え、疲れ果てた私たちは、疲れ休めのため、書店で何の気なしに買った雑誌を、パラパラと捲り始める。

　「1日」という長い旅の果て、漂着（目的地以外のところへ流され、辿り着くこと）したのは、一冊の雑誌だった…そんな日々を、私は今まで、どれほど送って来たことだろう。

　《あなたが今見ているものの正体は、あなた自身の白い巨きな影だ》（198ページ）

　雑誌を読んでいるつもりで、実は、自分が読んで・見ているものは、からっぽの、自分自身の影に過ぎなかった。

　《従来のいっさいの著作の概念は今の政治システムと類似の「他人事」であったが、だからこそ気楽に無責任に読み漁れたという時代は、少なくともあなたに於ては終っている》（200ページ）

　…しかし、21世紀の今日にあっても、「出版社が売りつける雑誌や本を、無責任に読み漁る」ことしか、私たちにはできていないのかもしれない。

　出版社と読者、著者と読者、両者を結び付ける何ものかは、今もまだ何も見えていない。

　それどころか、両者の距離は、ますます遠ざかっているのではないか。

　受け手と送り手の間にある、深くて昏い溝。

　《あなたの透明さに、紙、活字、言葉等の持つ不透明さは似合わない。あなた

の確実さに記憶や事象の持つ不確実さは似合わない》（200ページ）

　読者とは、目の前にある本や雑誌から疎外されている者の別名ではないか。

　他人の書いた文章を読むという行為には、どこまでも空しさが付きまとうのではないか。

《およそ、本とかレコードとか、〝一方的に売られるもの〟は、要するに旧いのだとあなたは気付いている》（201ページ）

　その旧さを超克するすべが、私にはない。

《ついきのうまでの物書きは、うつむいて自閉して物を書く。読者も同じくうつむいて自閉してそれを読む。あなたは、そのような不毛な関係性とはとっくにおさらばした（後略）》（201ページ）

　おさらばしたいが、今も私は、俯いたまま、本を読み、映画やテレビドラマに没頭している。

《淋しがり屋であるあなたは、今を同時に生きていて、しかも決してあなたを裏切らない遊び友達を求めて本屋やレコード屋へ行く。そしていつもたいていは幻滅して帰ってくる。まちは商品の砂漠だ》（202ページ）

　幻滅することが分かっていながら、昨日までがそうだったように、これからも、私は書店にCDショップに家電店に映画館に、等々に行き続けるだろう。

　心の中の空しさを、完全には決して埋めてくれないと、分かってはいても。

　なぜこの文章のタイトルが、「ロックン・ロールの自殺者」なのかというと、この曲こそ、一方的に与えられるだけの商品というものの空しさを、聴き手に突き付けた曲だからだ。

商品として提供される表現は、どれも、本質的には空しいものだが、そのこと
を分かったうえで、ボウイという人は、聴き手に「あなたの手を差し伸べて欲し
い」と歌った。

　それは、現代社会の中で、孤立したまま生きざるを得ない私たちに差し伸べら
れた、唯一の救いの声だった。

　70年代から今日に至るまで、ボウイだけが、そして岩谷宏だけが、商品とし
て提供される表現物に疑問を抱き、受け手とダイレクトに繋がりたいと願った。

　その意味を、私は今、改めて噛み締めたいと思う。

　《あらゆる差異性の仇花が乱れ咲くこの都市で、しかしあなたは今透明なガラ
スであって、見知らぬ男の書いた短い小説（?）の主人公になって大活躍したの
でした。どんな大活躍をしたのかというと、とにかく今これをここまで読んだこ
と、ただそれだけ。あなたは作者にその非礼を詫びて欲しいなどとは思わないし、
作者の遊び相手になってやってしかも四八〇円を払ったことを怒りもしない》
（202ページ）

　年齢や性別・学歴・出身地・趣味・思想・人生観・職業・休日の過ごし方、等々、
等々。

　今、私たちが生きているこの世は、差異性（差異＝あるものが、他の何かと異
なっていること）の仇花（実を結ぶことなく、儚く散る花のこと）が乱れ咲いて
いる、と岩谷は書く。

　ボウイが「5年間」の中で、沢山の異なる人々（太った人、痩せた人、名も無
き人、有名人、等々）のことを歌ったように、この世界には、全く異なった人々
が、多数存在している。

　しかし、岩谷は、そんな差異性の入り乱れ具合には、興味無い、というのだ。

そのような差異を取り払った、ただの人間同士として、手を繋ぎ合えることが、果たして私たちにできるのだろうか?

ボウイは、「ロックン・ロールの自殺者」の最後で、「君は一人じゃない。僕は君と、せめて手ぐらい握り合いたいんだ」と叫んだ。

その願いは、今日なお、ただの願いとして、放置されたままになっている。

したがって結局私たちは皆、今も孤立した「淋しがり屋」であり続けている。

1976年

『guts ガッツ』 1976年4月増刊号
(編集・表現技術出版株式会社 発行・集英社)

『guts ガッツ』は、1969年に創刊された音楽雑誌(1969年8月号が創刊号と思われるが、ネットで調べても、正確なところは分からなかった)。

その増刊号として出された本誌だが、奥付には「ガッツ4月増刊号 第8巻第5号」とある。

表紙には「ロック・アイドルたち! Vol.2」とあり、中を見ると、ロキシー・ミュージックやエリック・クラプトン、キッス、イエス、クイーン、レッド・ツェッペリンらに混じって、ミッシェル・ポルナレフ、カーペンターズ、オリビア・ニュートン・ジョンらの名前もあるので、ロック畑だけでなく、当時人気のあったアーティスト全般を扱っていた雑誌だったことが分かる。

「ロックの詩」という記事もあり、この中で岩谷は、ボウイの詩を訳している。「ステイション・トゥ・ステイション」と「ゴールデン・イヤーズ」の2曲を。

決して贔屓目ではなく、この2曲の訳詩は、絶品だと思う。

《私達はここにいる
　今は奇蹟の時
　私達は個人的・集団的充足を失って
「欠如せる者、うつろな者」になっている》(「ステイション・トゥ・ステイショ
ン」26ページ)

　アルバム『ステイション」・トゥ・ステイション』の表題曲は、ボウイ史の中
にあって、特筆すべき屈指の名曲だが、冒頭の一行の歌詞を巡って、物議をかも
した曲でもある。

　(すでに書いたことだが) 日本盤に付いていた歌詞カードでは「まっさらな白
いブラウン管」とでも訳し得る語句になっていたのが実は、「青白き痩せた公爵」
だったという。

　担当者のヒアリング・ミスだった訳だが、そのミスによって、本来の意味以上
の意味を、この楽曲に与え得たのは、"怪我の功名"ともいえるのではないか。

　「誤訳なんて絶対ダメ」、そう思っている人には許し難いことかもしれないが、
誤解が、事実以上に真実を炙り出すこともあり得るのだと、私は思う。

　ロックとは、岩谷にとって、あるいは私にとって (あるいはボウイにとって)、
個人的に充足してしまうことを否定すること、であった。

　人生の目的が、たとえば個人的に成功することとか、毎日の充実感を得ること
とか、そういう価値観とは真逆のところに、ロックは位置していたのである。

《受験とか 就職とか
　この世でなにものかになろうという望みなんか
　ぼくはもう捨ててしまった》(ザ・ビートルズ「ストロベリー・フィールズ・
　フォーエヴァー」岩谷宏訳 シンコーミュージック『ビートルズ詩集』より、
　75ページ 1973年 4月初版)

この訳詩の通り、「なにものかになること」ではなく、「欠如せる者、うつろな者」同士となって、共にロックする者（「ロックン・ロール・ウィズ・ミー」）になること。

　そのような関係性の中に、私たちの未来を見出したのだ。

《迷う日々があってもそれは長くは続かない
　はじめのところに戻ればいいのです
　お父さんのでっかい車のかげで
　ぼくらはままごと遊びをしていたよね
　そこに戻ればいいのです、いっしょに
　だから、もう泣かないで》（「ゴールデン・イヤーズ」27ページ）

　「自分なんて、生まれてこなければ良かったんだ」、そんなふうに悩んでいる子どもたちに、ボウイはただ言う、「泣かないで」と。

　「自分たちには戻る場所がある、だから、大丈夫だ」と、ボウイは呼び掛ける。「黄金の歳月を生きている私たちに、苦悩は不要だ」と。

　70年代に、ボウイを必死の想いで聴いていた人たちと、私は心から交流を持ちたいと願っている。

『やんろーど』1976年9月号 (日本ヤングパワー発行)

　創刊は1975年8月号で、誌名の上には「若者に贈る新しい情報誌」と書かれてある。各号、どのような特集が組まれていたか、分かる範囲で書いておこう。

　創刊号（1975年8月号）特集①放浪 特集②現代ヤング生きざま考

　1975年12月号 特集 わがミュージックライフ

　1976年5月号 特集 都市での上手な暮らし方

174

1976年7月号 特集 個性的な旅のすすめ

1976年8月号 特集 日本のロックミュージシャン全カタログ

（前出の『宝島』誌もそうだが、70年代には、読者と直結する問題意識を誌面に展開した、所謂若者雑誌が、いくつかあったように思う。編集者と、読者との距離が近いというか、だからこそ読者同士をも結び付け得た雑誌が。しかし、21世紀の今日、そのような雑誌は皆無だと思えてならない）

そして、この1976年の特集は「来日10周年記念 ビートルズ文化論」である。

今ではすっかり神棚に祭り上げられてしまった感のあるビートルズだが、まだメンバーが4人とも存命であったこの年にあっては、まだそこまでの存在ではなかったように思う。

ただ、来日10周年ということもあって、それなりの盛り上がりを見せていた。だからこそ、こんな特集も成立したのだ。

どのような文章が載っているのか、いくつか列記してみよう。

「ビートルズ色の記念写真」浜野サトル

「ゴダールとビートルズの申し子について」大森 一樹

「ポップ・アートとビートルズ」矢吹 申彦

「持続する人格『ヘルプ』レノン・ジョンにとっての歌詞」岩谷 宏

ボウイの名前が出て来るのは、もちろん、この「持続する人格『ヘルプ』」（岩谷が、この文章の副題に「レノン・ジョン」と記したことの意味を考えてみたい）においてである。

《神や英雄や幸福なスターを見たいと思っている人はいない。ロック＆ロールで基本的なことは、彼が自分の弱さ、ブザマさを見せつけることだ。聴衆（オーディエンス）は彼が自分自身の弱さと和解して行く過程を見て、学ぶのである。──デビッド・ボウイ（レコード・ワールド誌の記者のインタビューより）》（23ページ）

ボウイのインタビューでの発言の引用から始まったこの文章は、以後、ジョン・レノン「平和を我等に」、キング・クリムゾン「エピタフ」への言及へと続く。

「平和を我等に」の原題は「Give Peace A Chance」だということを念頭に置いて、次の文章を読んでもらいたい。

《抽象→具体の道筋を辿（たど）れば、たとえば、この世で本当に賢い人、本当に心優しき人は、控え目で、地味で、おとなしく、目立たない人である。そして、今の世で卒先（ママ）してもろもろのチャンスをものにする人達は、行動する人、策略をめぐらす人、声を張り上げる人、等々である。すなわち、チャンスは常に〝非ピース〟に与えられている。そして、この世はこの始末だ!》（24ページ）

《……そして、これからも人間の死命を握っているのは、これら愚か者達である。──キング・クリムゾン（ファースト・アルバムより）》（24ページ）

「キング・クリムゾン（ファースト・アルバムより）となっているが、これは、ファースト・アルバム『クリムゾン・キングの宮殿』のA面3曲目、「エピタフ」の歌詞の一節である。

「チャンスは常に平和ならざるものに握られている」、この考え方には、多くの人が賛同してくれるのではないか。

その結果としての、悲惨極まる世界の現状。だから、せめて歌の中だけでも「平和にチャンスを」と願う。

ロックとは、このように、人間の現状を否定し、その先にあり得るべき希望を歌うことだった。

本書の目的は、岩谷がボウイについて書いた文章を紹介することなので、「持続する人格『ヘルプ』」に関して、これ以上引用するのは止めておく。ただ、あと、次のくだりだけはどうしても紹介しておきたい。

　（ジョン・レノンの曲「真夜中を突っ走れ」について）《なにしろ、私達は今、私達にとって「夜」と認識されるような状態にあって、しかし、この「夜」に、なにがあなたを把えようと、なにがあなたの気掛りになろうとも、イッ・オール・ライ、と。不安でいたたまれない人間がかろうじて自分をなだめ、聞き手にも同意を乞う》（25ページ）

　悲しいことに、私たちにとって「夜」は、今も続いている。だからこそ、ジョンの歌声は、未だ必要とされているのだ。

『guts ガッツ』 1976年10月増刊号
（編集・表現技術出版 発行・集英社）

　この年は、4月号だけでなく、10月号の増刊も出たことになる。

　「ロック・アイドルたち! Vol.3」ということで、多数のアーティストが取り上げられている。

　以下に、その一部の人たちを挙げておこう。

　アメリカ

　ディープ・パープル

　イーグルス

　スージー・クアトロ

　タニヤ・タッカー

さて、この雑誌に載っているのは、以下の文章である。

「デビッド・ボウイー・ストーリー 光源を探る他星人の絶望と変容」（83 〜 87 ページ）

本号には「エアロスミス・ストーリー どす黒い闇夜をつっ走れ」（岡田英明）というのも載っているのだが、「夜を突っ走れ」というのは、何か、ロックの合言葉のようにも思えてくる。

エアロスミスと違い、この「デビッド・ボウイー・ストーリー」がユニークなのは、単なる評伝ではなく、「デビッド・ボウイーに関する10人の証言」というタイトルにし、ボウイに関わる人たちの、架空の証言という手法が取られていることだ。なぜそうしたのか、岩谷はその理由をこう書いている。

《評伝を書くにあたって、彼を知る10人の証言という形式をとったのは「自分には自分のオリジナリティ」などないと言ってのける彼に、一番ふさわしい方法だと思ったからです。資料はいろんな本や雑誌ですが、出来上がったものは事実50%にフィクション50%くらい……そう思って読んでください》（84ページ）

ということで、過去の『RO』の名物企画だった「架空インタビュー」の、変形ヴァージョンと言えなくもない。

では、具体的な内容に移ろう

1、ピーター・フランプトン

《ある年の校内クリスマス演芸会は、おやじが主催したのですが、いろいろ出し物があって、最後がつまり真打ち（トリ）が彼のバンドだったのです。それはもう、場内割れんばかりの大人気で、彼は天が定めたスターだったのですな》（84ページ）

ピーター・フランプトンは、1950年生まれのロック・ミュージシャンで、1976年に、2枚組のライヴ・アルバム『フランプトン・カムズ・アライヴ!』を大

ヒットさせた。

また、ボウイと同じハイスクールに3学年下で在籍していて、父親（文中に出てくる「おやじ」のこと）は同校の美術教師だった。

ボウイはやはり、大スターになるべくしてなったということがよく分かる。

2、テリー・ジョーンズ

《彼は私の母と2度目の夫との間に生まれ、私とは異父兄弟になります。(中略) 私が彼にジャズを聴くことを教え、ビートの作家の本（ケラワックなど）を貸してやったのですから、私は彼にとっての最初の教育者ってことになるな》(85ページ)

ここではテリー・ジョーンズとなっているが、ネットで調べると、テリー・バーンズとされている。なぜなのか、『デヴィッド・ボウイ 神話の裏側』（ピーター&レニー・ギルマン著 野間けい子訳 CBS・ソニー出版 1987年）で調べてみた。

1913年10月2日、ボウイの母、マーガレット・メアリ（父親はジミー・バーンズ、母親はマーガレット）が生まれる。愛称は、ペギー。

1937年11月5日、ペギーは男の子を生む（父親の名は、ウルフ・ローゼンバーグ）。その子は、テレンス・ガイ・アデアと名付けられた。テレンスはすぐに、「テリー」と短縮して呼ばれるようになった。

ペギーとウルフは、じきに別れてしまう。

1947年1月8日、父・ヘイウッド・ステントン・ジョーンズ、母・ペギーの子としてデヴィッド・ロバートが生まれる。もちろん、後のデヴィッド・ボウイである。

したがって、テリー・バーンズの「バーンズ」とは、母親の姓ということになる。

『デヴィッド・ボウイ CHANGES 写真で綴る生涯 1947-2016』（クリス・ウェルチ著 富永晶子訳 竹書房 2022年1月初版）からも、引用しておこう。

《のちに〝ボウイ〟となる少年は、1947年1月8日、ロンドンのブリクストンの一角にあるスタンスフィールド・ロードで、デヴィッド・ロバート・ジョーンズとして生を受けた。両親はヘイウッド・ステントン・"ジョン"・ジョーンズとマーガレット・"ペギー"・バーンズ、マーガレットは以前の恋人とのあいだにもうけた1937年生まれのテリーという息子を連れて1947年9月にヘイウッドと結婚した》（14ページ）

テリーについて、アンジェラ・ボウイとパトリック・カーの共著『哀しみのアンジー』（豊岡真美訳 大栄出版 1993年初版）には、こう書かれている。

《デヴィッドは音楽や政治や詩を教わった7才年上のその兄のことを尊敬していたという。そして、彼をとらえた離さない恐怖についても話してくれた。(中略)偏執性分裂症と診断された彼（高柳注、テリーのこと）は、列車に飛びこみ自殺をする1984年まで、精神病院に入退院を繰り返していた》（25ページ）

（「7才年上」とすると、上に引用した年齢と合わないが）

ボウイは、自分もまた兄と同じ道を歩むのではと、絶えず怖れていたらしい。母方の親戚には、テリー同様、精神に支障をきたした人間が何人かいたことも、本書の中に書かれている。

《母、ペギー・ジョーンズの連れ子であった兄テリーは家族のアウトサイダー的なポジションにあり、1985年に彼が自殺するまで、デヴィッドのイマジネーションを奇妙な形で刺激し続けた》（TOKYO FM出版『ボウイ・スタイル』著者：MARK PAYTRESS 訳者：YUKI HASHIMOTOより、14ページ。本書では、テリーは「統合失調症」とされている。テリーの自殺は、1984年、1985年、どっちが本当なのだろう?)

ボウイは終生、「自分は、狂気の世界に沈んでしまうかもしれない」という不

安と闘い続けたのだろう。その軌跡は、彼の作品の中に刻まれている。

3、ケネス・ピット

《私は当時、ワイルドやピアズレーなどの初版本を収集していましたが、書棚を見て彼はそれらのひとつひとつに積極的な興味を示すのです》（85ページ）

ボウイが読書家だったことはつとに有名だが、2021年に『Bowie's Books デヴィッド・ボウイの人生を変えた100冊』（ジョン・オコーナル著 菅野楽章訳 亜紀書房）という本が出ている。

《（ボウイの）興味の対象は、仏教へ、ボブ・ディランへ、ヒッピー・ムーブメントへ、自分の芸術実験工房へと、どんどん変わって行くんだ》（85ページ）

何事にも興味を持つ、それも、凄いスピードで。若かりし頃の彼のこんな性向が、多彩な曲を生み出す原動力になったのだろう。

ケネス・ピットは、1966年から70年まで、ボウイのマネージャーだった人。

4、チベットの仏教僧（岩谷は、《彼にとって仏教が最初にして最大の哲学だった》と書いている）

《（前略）デビッド・ボウイという青年が、一時であれ、仏法の大慈大悲の心に帰依したいと願ったのであるとすれば、おお、それをその白人青年ひとりきりの悲劇には終わらせたくないのう。なに?、ロックン・ロールでloveと言うと、それは大慈大悲の心に近いとな?、はて?》（85ページ）

「大慈大悲」とは、すべての生きものに楽を与え、すべての生きものの苦を取り除く仏の大きな慈悲のこと。すなわち、広大無辺な仏の慈悲のことらしい。

ネットで調べてみて、私が一番心に留まったのは、「大きな慈悲で人々を哀れみ、楽しみを与えて、苦しみを取り除くこと」だ。

生きることは、限りない苦しみに耐え続けること、これが私の昔からの人生観だが、絶えず、救いを求めてもいる。

　ボウイの心の奥底に、「大慈大悲の心に帰依したい」という想いがあったとすれば、何と素晴らしいことだろう。

　ザ・ビートルズが「愛こそはすべて」と歌うとき、「LOVE」という言葉に込めた想いはやはり、「大慈大悲の心に近い」ものだったと信じたい。

5、ハーミオーヌ・ファージンゲール（岩谷は「彼に恋愛のくだらなさを自覚させた人」と書いている）

《(前略) 彼の求めたものは私との個人的な幸福な生活ではなかった。でも今、彼はそうやって飛び出して行った広い世界に対しても——特にロック・シーンと称される、あの、迷妄の多い世界に対しては——ほとんど絶望しているのではないかとも思います》(86ページ)

　「ハーミオーヌ・ファージンゲール」とは、ヘルミオーネ・ファージンゲールのことだろう。

　(綴りは「Hermione Farthingale」)

　アルバム『スペイス・オディティ』には、「ヘルミオーネへの手紙」という曲も収録されているのだが、「迷妄の多い世界」とは、今、私たちが生きている、この世界そのものではないか。

　私も、この世界には完全に絶望している。

6、マーク・ボラン

《当時のボクらの考えはね、音楽家は大スターである、大スターは革命家である、革命家はカリスマ的存在である、という信念ね。デビッドは《ジギー》でもって、

そういうカリスマとしてのロック・スターをかなり誇張して描いてみせたのさ》
（86ページ）

　マーク・ボランは、ボウイと共に、グラム・ロック・ブームを牽引した人。

　「ボクら」とはもちろんボランとボウイのことで、「音楽で世界を変え得る」と
いう幻想を持てた時代が、今となっては懐かしい。

　アルバム『ジギー・スターダスト』は、ボウイによるロック論だったというこ
とか。

7、メアリー・アンジェラ・バーネット（岩谷は「元気活発なアメリカ女」と書
　　いている）

　《世界から国家とか家族といったものが消滅し、あるいは形骸化して、人と人
とがいつも虚心坦懐に通じ合える時──なんてまだなかなか来そうにありません
が（後略)》（86ページ）

　メアリー・アンジェラ・バーネットとは、ボウイの最初の妻だった、アンジー
のこと。

　「虚心坦懐」とは、先入観や囚われの心を持たない、素直な状態という意味だが、
たとえ今後何千年経とうと、人と人とが素直に分かり合える未来なんて、永遠に
来ないだろう。

　来ないことが分かっているからこそ、そんな理想を、ロックは歌わざるを得な
かった（ジョン・レノン「イマジン」など）のだともいえる。

　《人間は媒体を必要とする不幸な生き物です。そして、媒体を求める気持ちの
ないさらに不幸な人間が、進学や結婚や自己の威信や兵器の製造に夢を抱くので
す》（86ページ）

媒体＝一方から他方へ伝えるためのなかだちとなるもの。情報伝達の媒介手段。雑誌や書籍、テレビ・新聞といったマスメディアは、媒体という訳だ。インターネットも。

「人間とは不幸な生き物」というのは私の昔からの認識なのだが、私の場合それは「媒体を必要とするから」ではなく、あまりに殺伐としているこの世に対する絶望に端を発している。

「生まれて来ることが、最大の不幸」と言うしかない悲惨な世界が、私の、私たちの周囲に今もある。

学校においても、企業においても私たちは他者との競争を強いられているし、「暴力」（肉体的な暴力だけでなく、心理的な暴力も）が今なお、人間社会を律している。

8、リンゼイ・ケンプ

《ロックン・ロール・ミュージックは、音楽として完成されたものではなく、人間の考え方とか、その考え方をふまえた生きざま、在りざまを人目（耳）にさらして共感を呼ぶことであるとすれば（後略）》（87ページ）

リンゼイ・ケンプは、イギリス出身で舞踊家で振付師（他の肩書もある）。ボウイにとって、マイムの先生だった。

ロックのステージは、単に音楽を聴かせるためにあるのではなく、生きざま、在りざまを観客に晒すことだというのだが、どれだけのロック・ミュージシャンが同じように考えていたのか（いなかったのか）は、私には分からない。

《まちで見かける人々は皆、動作も服装もごく平凡だったり、あるいはごくまれに無意味に珍奇だったりするが、しかしどの人もこの時代を生きている人間としての苦しみや夢を抱えているはずで（後略）》（87ページ）

184

私は毎日通勤で電車を利用しているが、当然のこと、電車にはいろんな方が乗り込んで来る。乗客の一人、一人、誰もが苦しみや夢を抱えているだろうが、松田聖子の「蒼いフォトグラフ」の歌詞のように、皆、肩の上に重い荷物を抱えているのだろう。

　私も同じだ。光と影の中を交差している私たちに、いつか夢が叶う日が訪れるのだろうか?

9、アンディ・ウォホール

　《ボウイーも、私を知ってから、(中略) むしろ映写機みたいなものに、つまりメディアに、なりたいという気持ちが徹底したのではないかな》(87ページ)

　アンディ・ウォホール (ウォーホルとも) は、アメリカの、ポップアートの旗手だった人。

　メディア＝情報伝達の媒介者、か。

　《自分を、人々の心がそっくりそのまま映る映写幕に、鏡に、仕立てて行くってのは楽な仕事ではない》(87ページ)

　ボウイは、自分の生き様や、有り様に、自分自身の真の姿を看取して欲しいと、人々に願っていたのだろうか。

　2014年のベスト・アルバム『ナッシング・ハズ・チェンジド』はアナログ盤も含め、何種類かリリースされたが、ジャケットはどれも、「鏡を見つめているボウイ」の写真で統一されていた。

　また、生前ボウイはインタビューで、「自分は壊れた鏡」だとも発言していた (申し訳ないが、どの雑誌に載っていたか、記憶していない)。

　《戦争も憂き世のみじめなしんどい生存競争もいやだけど、そうなる責任は、

光ってない人民ひとりひとりにあるのさ》（87ページ）

　今日においても、私たちは苦しい生存競争を強いられている。

　憂き世＝辛いことの多い世の中、無常なこの世。

　ジョン・レノンの「インスタント・カーマ」の歌詞のように、私たち皆が輝ける世界が来て欲しいと、心底願っている。

10、ニコラス・ローグ

《（前略）現実には私たちは無力であり、生活に追いまくられ、酒でそのストレスを癒す毎日だ。だから、地球を人類を救おうとしてやって来た他星人トーマス・ジェローム・ニュートンの絶望は私たちひとりひとりの絶望である。だが、小説（映画）の主人公は完全に絶望してしまって酒浸りの毎日を送るようになるが、現実のデビッド・ボウイーは自分はなんであり得るかについて自信を持っているようだ。いや、むしろ、もしかして、完全に絶望した彼自身の姿すら、適切にみなの前にさらすことができれば、それはみなにとって、何かであり得る──そのような自信を持っているようだ》（87ページ）

　ニコラス・ローグは、ボウイのイメージを決定付けた映画『地球に落ちて来た男』の監督を務めた人。

　長い引用になったのは、この文章にこそ、岩谷がこの評伝で、私たちに一番伝えたいことが書かれていると思ったからだ。

　この評伝のタイトル、「光源を探る他星人の絶望と変容」に注目されたい。

　地球に落ちて来た男であるボウイという他星人が、地球人一人一人が輝く道を探る過程で、絶望しながらも、変容を続けて行く、そう読めるのではないか。

　変容＝姿形、状態、内容が変わること。または変えること。

絶望して、酒浸りの日々を過ごす…「ヒーローズ」の歌詞そのままだが、「いつまでもそんな状態でいられない」と思い立ったときに希望を与えてくれるのが、ボウイの音楽である。

　したがって、ボウイとは、希望の別名だ。

1977年

『宝島』1977年2月号

　この年、岩谷は『宝島』誌に、「メディアのためのメンタル・ノート」というタイトルで連載をしていたのだが、ボウイの名前が出て来るのは、この2月号だけである。

　「メディアのためのメンタル・ノート ②リズム」

　《女は、愛していて、ただ自分と居てくれさえすれば幸せだと思っていた男が、その本性が地球人とは似ても似つかぬ他星人である事実を知る。(中略)映画『地球に落ちて来た男』は、監督が言う通り〝愛についての映画〟であり、私が一つ形容詞を付け加えるなら〝愛についての非常に厳しい映画〟だった》(162ページ)

　『地球に落ちて来た男』についてネットで調べてみると、日本での公開日は1977年2月11日となっている。ということは、岩谷が観たのは試写会とかだったのだろうか。日本でも、その後何度かリバイバル上映されており、私も、名古屋と東京で、一回ずつ観ているし、テレビでも吹き替え版を観た。

　せっかくなので、この連載について、他の号にも触れておこう。

　ボウイとは直接に関係していないが、気になる箇所がある回は、少し引用しておく。

1月号「抑制」

《(前略) 私たちは、このように一方的・直線的・放射的なメディアによって都合の良いように、いつの間にか分断されてしまっているのである。》(158ページ)

一方的・直線的・放射的なメディアとは、雑誌や書籍、映画、テレビ番組、レコード（今ならCDや配信か）のことである。

3月号「都市」

4月号「マネー」

《(前略) だが一方では貨幣とは諸悪諸不幸の根因であることを、一般は漠然とでも感じているのである》(169ページ)

お金が不幸の根因なのは確かだが、悲しいことに、今も私たちは、お金が無ければ一日足りとて生きていけない社会に生きている。

そして最悪なのは、お金の所有量（年収等）で私たちの価値が判断される、ということだ。

こんな社会に、生きる価値はあるのだろうか?

5月号「ナチズム」

6月号「世界意識と個別」

7月号「機能するメディアへの序章」

《印刷物メディアでも、電波メディアでも、あるいはレコードのようなものでもよい。それは「ある一点から放射状に降りそそぐ」というあり方である。(中略) このメディアのあり方の枠組みの中で、これに接する私達は、一人一人孤立した

個人である》（205ページ）

　メディアが、私たちを孤立させる。夥しく出版される本や雑誌、大量生産される音楽の複製物等とお金を引き換える訳だが、同時に、私たちは心を失って行くのだとも言えるだろう。

　8月号「恥じ多きプロ・スポーツ」

　9月号「選挙の無効性」

　10月号「映像は二次元だ!」

《（前略）「本が好きで次から次に本を読む。どの著者もまるで私の友達みたい」（マーク・ボラン）とはいかない。むしろ、どの著者も、どこか彼方を向いていて、決して私を向いてはいない》（197ページ）

　岩谷のこの気持ちは、私にはよく分かる。現在、読書行為は無条件に良いこと、素晴らしいことと見做されているようだが、著者と読者、この関係性の不毛について、もっと議論すべきなのではないか。

　今号には他に、岩谷の「学校は一種の纏足だ」（74〜80ページ）という文章も掲載されている。今号の特集「アメリカの国語教科書大研究」の中の一つだが、ここで岩谷は、学校教育批判を、大々的に展開している。その主要な点は、以下の通りである。

①子どもは大人よりスケールの大きい人間として生まれて来る。したがって、大人には、現実の子どものための学校を作ることはできない。同様に、教科書も作成し得ない。

②人間の作る諸制度はすべて歴史的なもので、永遠に存続することはあり得ない。現在、学校教育制度も、歴史性が露わに成りかかっている。

③教育は、強制してはならない。

④教育は、画一化してはいけない。

⑤大学で恐縮単位を取って教師になろう、というような人物が、「師」に相応
しいとは思えない。

《学校は、学校であること自体（＝集団一律同内容慣習的定型的教育）からも
貧困化し硬直化するが、さらにそれが政治家の政策であることによって二重に貧
困化し硬直化するのである》（77ページ）

岩谷は、繰り返し、繰り返し、学校教育制度や結婚制度、貨幣制度等について、
批判的・否定的な文章を書いている。

ただ、そうは言っても、私たちに学校を無くすことはできない。

私たちは学校とどうつき合って行くべきなのかは、先に書いた通り、例えば『教
育問答』（なだいなだ著 中公新書）を読んで欲しい。

11月号「資本家様、不況解決のカギを教えます」

12月号「レスポンスと社会的なパワー」

アルバム『ロウ』ライナーノーツ

『ロウ』の日本盤LPが初めて発売されたのは、1977年2月25日（オリジナルコ
ンフィデンス発行『オリコンチャートブックLP編』による）。

岩谷はこのアルバムで、ライナーを執筆している。どのような経緯で、岩谷が
担当することになったかは分からないが、通常のライナーノーツとは随分と違う
解説になっていることだけは確かである。

《ロックは、とくに60年代後半にプログレッシブ・ロックなどによって対象化され、思想として再把握されたロックは、歴史を“断つ”という意味での「断歴史思想」と言える》

　「ロックは、単なる音楽ではなくて、一つの思想である」、これは、70年代の『RO』誌が、繰り返し主張して来たことだ。しかし、ロックをそのように受け止めていたのは、当時から今日に至るまで、ほぼ『RO』だけだった気がしてならない。

　そして、現在。ロックも結局、沢山ある音楽の一つでしか無くなってしまった。

　《ここ数年、概念としてのヨーロッパの、その肥大した部分、良くも悪くもダイナミックに活動展開して来た部分——アメリカ——を追求してきたボウイーは、前作「ステイション・トゥ・ステイション」でついに「私はまぎれもないヨーロッパ人だ」と、いわば積極的にあきらめて、そしてこのアルバムでは、そのヨーロッパ人としての自分自身の暗部を見つめようとする》

　ジギーのアメリカ訪問記のようだった『アラジン・セイン』、そのものずばりの『ヤング・アメリカンズ』と、数年間、アメリカの追求者であったボウイは、『ステイション・トゥ・ステイション』で、ヨーロッパへの帰還を宣言した。

　その後に出す作品として、『ロウ』は実に相応しい。

　出世作『ジギー・スターダスト』から、幾多の試行錯誤を経て『ロウ』へと至ったのは、やはり必然だったのだろう。

　初めて聴いたボウイのレコードということもあり、私は結局、最後には『ロウ』へと戻ってしまう。

　岩谷にとっても、『ロウ』は特別な作品であったはずで、だからこそこんな、通常なら考えられない内容のライナーも書けたのではないか。

　《私には、始まりが文学でも演劇でもなく、思想書でも政治運動でもなく、音

楽であったことへのひっかかりを捨て去ることは出来ないだろう》

　そして、私の始まりは、高校一年の一学期に、岩谷の文章に出会ったことである。それは幸福なことだったのか、不幸なことだったのか、未だよく分からない。

　（「読書は、絶対的に良いこと」と考える人たちには、「読書によって、世間的に真っ当とされている人生から、はみ出してしまうこともあり得る」と言っておきたい）

　《くそっ!こんな世の中、いいかげんどうにかならないか!と思っている人達、国家にも権力にも政治にも貨幣制度にも根底的な馬鹿々々しさを感じている人達は、とくに若い人達は、おそらく世界中どの国にも多かれ少なかれいるのであろうし、過去にもいた》

　私も、学校に対し、貨幣に対し、今日、多くの人間が強いられている生き方に対し、労働の在り方に対し、等々、根本的に否定したい気持ちでいる。

　しかし結局、何十年経とうと、今の、強固な抑圧社会は、変わりようがないのだ。

　《世の中はもうメチャクチャだ。ぼくたちがこの世界を救うには遅すぎる。次の世代に期待をつなぐしか他に道は残されていない》（早川書房刊・アラン・パーカー著/桐山洋一訳『小さな恋のメロディ』の「あとがき」から、映画の制作者、デヴィッド・パットナムの言葉より。209ページ）

　私もせめて、次の世代に、期待を、希望を繋ごうと思う。

日本盤シングル「ビー・マイ・ワイフ」

　『ロウ』からシングル・カットされたが、日本盤の発売日は不明。ジャケットのボウイは、1977年4月来日時に鋤田正義によって撮影されたものなので、それ以降なことは確かである。

アルバム『ヒーローズ』の日本盤は、この年の11月5日に発売されているので、5月から10月の間と思われる。

（シンコーミュージック『デヴィッド・ボウイ・ファイル』の86ページに「1977年9月25日発売」と記載されているが、日本盤の発売日かどうかは、分からない）

このシングル盤には、《時々、酷い孤独感に襲われる》と始まる岩谷の訳詞がジャケット裏に掲載されている。なお、B面は「スピード・オブ・ライフ」。

この年岩谷は、「ビー・マイ・ワイフ」の訳詞を、『RO』第27号（1977年4月号）と『ロウ』のライナー、そして日本盤シングルと、3回したことになる。

NHK「ヤング・ジョッキー」1977年5月14日オンエアー

渋谷陽一のラジオ番組、「ヤング・ジョッキー」でボウイ特集をしたこの日、岩谷がゲストで出演した。

ボウイ特集でありながら、ボウイ以外の曲がふんだんにかかるという、極めて特殊な選曲になっているので、以下に書いておこう。

1、「ビー・マイ・ワイフ」ボウイ
2、「ジャスト・ア・リトル・ラブ」ベイ・シティ・ローラーズ
3、「シスター・ミッドナイト」イギー・ポップ
4、「明日の恋」スモーキー
5、「すてきなサンデー」バスター
6、アフリカの音楽
7、「ビー・マイ・ベイビー」ベイ・スティ・ローラーズ
8、「タイニー・ガール」イギー・ポップ
9、「君に会いたい」ジャガーズ
10、「サブタレニアンズ」ボウイ

（ネット上で調べて作成。間違いがあった場合は、お許しを）

この年、ボウイはプロモーションのために、イギー・ポップと共に来日した。その際、岩谷が質問を考え、渋谷陽一がボウイにインタビューした、その時の音声が使われた訳だが、ボウイのみで選曲しなかった理由として、岩谷は、「ボウイだけではシンドイので、ポップスとして楽しめる音楽も流し、バランスを取った」、そのように語っていた記憶がある。

　この番組の中のボウイの発言で、今も私の印象に一番強く残っているのは、「あなたは今でも自分のことをアジテーター（Agitator）だと思っているか」という質問に対し、「いや、アジテーターではなく、"インスティゲーター（instigator）だ」と語ったことだ。

　その時岩谷は「アジテーターだと、上から、全体に対して扇動するという感じだが、"instigator"だと、一人ひとりの内面に対し、何かを唆して行くというイメージ」、こんなふうに解説していた。

　一人ひとりの内面に…というのは、ボウイにあまりに相応しく思い、だからこそ、未だに記憶しているのだろう。アルバム『ロウ』のA面で、ボウイは正に、個室で一人で聴く、孤独な個人に向けて語り掛けていたのではないか?

　念のため、ネットで検索してみると、以下のようなことが分かった。

　Agitator：扇動者、政治改革者として扇動する者

　Instigator：教唆者、意図的に何かを扇動したり、始めたりする人。特にトラブルを起こす人

　アジテーターには、音楽において観客を盛り上げる役割の人、という意味もあるらしい。だとしたら、ステージ上で観客を煽る音楽家は、皆アジテーターということになる。

『ロッキング・オン増刊●秋号1977岩谷宏のロック論集』
(ロッキング・オン社 1977年9月30日 初版第1刷)

　岩谷が『rockin'on』誌に発表した原稿と、書き下ろしとで構成されたロック論集で、表紙は、ミック・ロックが撮ったボウイ（裏表紙にも、同じ写真が使われている。この写真を私は、2013年、イギリスのジャネシス社から出版されたミック・ロック写真集『MOONAGE　DAYDREAM』で、再び見た）だが、早速内容を見て行こう。

　「デビッド・ボウイのメディア論」（62 〜 64ページ）

　《この地球を本気だけの村にすることに関してボウイはメディア、とくにテレビの可能性に昔から大きな期待を持っている》（62ページ）

　この文章に続いて岩谷は、「ステイション・トゥ・ステイション」の歌詞の冒頭2行に触れ、《彼のメディア論がこの二行に、簡潔に要約されてる気がする》（62ページ）と書く。

　冒頭2行に関する解釈が、実は誤解に基づくものだったことはすでに述べたが、その誤解はやはり、幸福な出来事だったと言って良いのではないか。

　《「ステーション・トゥ・ステーション」とは人間一人一人が夫々一個の放送局である、送信所である、という認識に立ってるようです》（64ページ。「ステイション」ではなく「ステーション」となっているのは、原文のママ）

　すなわち、自分を一個の放送局と見做し、世界に向かって己の意見を放て、と。

　「あと五年で終り ファイブ・イヤーズ」（78 〜 80ページ）

　《「あと5年しかない」というのは、単に、歌詞の言い方、レトリックであって、言いたいのは「今の今、ほんとうに愛し合って生きることが大切なんですよ、あなたと共に歩みたいものです」ってことである》（78ページ）

…本当にその通りで、ボウイは別に、アルバム『ジギー・スターダスト』で、「ロックによるSF」を展開しようと思った訳ではないだろう。明日、どころか、1秒先のことも保証されていたい人生なら、今、正に今、この一瞬にすべてを賭け、思いの丈を込めて、自分が伝えたいニュースを、人に語るしかないのだ。

　亡くなった今も、ボウイは、私の人生の水先案内人であり続けてくれている。

《あせらなくてもいい
　死ぬときには一部始終が
　わかるのだから
　これもボウイ。しかし、すでに、一部始終はわかりつつあるのだ。なぜなら、
　生そのものの正体こそが死だから》（79ページ）

　始めの3行は、アルバム『ハンキー・ドリー』収録曲の「流砂」の詞の一部である。

　グレッグ・レイクは、エマーソン・レイク&パーマーのアルバム『展覧会の絵』の最終曲「キエフの大門」の中で、《死は生》と歌った。

　「ZIGGY STARDUST（大意）」（126 〜 132ページ）

　アルバム『ジギー・スターダスト』収録曲のうち、「5年間」「魂の愛」「スターマン」「ロックン・ロールの自殺者」の4曲が訳されている。初出は、『RO』第3号。

　「DAVID BOWIE IN TOKYO」（133 〜 135ページ）

　ボウイ初来日時の、厚生年金ホールのステージ評。このホールでは、1973年8・10・11日の3日間コンサートが行われているので、そのうちのどこかで、岩谷はボウイのコンサートを見たことになる。この文章の初出は、『RO』第5号。

　東京厚生年金会館ホールは、2010年3月29日、松山千春のコンサートを最後に、幕を閉じた。

「悪夢 ロックの、にせものとほんものを見分ける視点」（223 〜 229ページ）

《（前略）「サフラジェット・シティ」と言ったボウイ、「あなたのポニー・テイルの頭を、きっ、と、ひとふりして、私を、若かった日のあなたの中に連れて行ってください」と言うフェリー、等が本物のロックである。つまり、ロックとは白人男性の消極性の表明である》（229ページ）

ここで歌詞が紹介されているブライアン・フェリーの曲が何なのか、調べてみたが、今のところ分かっていない。

岩谷が考える「本物のロック」が語られているのだが、この「悪夢」という文章の中で、私があなたに最も伝えたいのは、以下の箇所である。

《断片的知識の詰め込みと○×式テストで子供達を圧倒し、自主的に感じ考え創り出す能力に萌芽の機会すら与えないことによって、彼等は彼等の技術社会のロボットを量産した。ときたま悲鳴を、あるいはメッセージを発する者があると、ロボットあるいはロボットの卵達は、その者の方をけげんそうな目でチラと見るのみであった》（225ページ）

ジョン・レノンは「労働者階級の英雄」という曲で痛烈に学校批判、体制批判をしているが、学校とは、「現代の経済最優先社会に働くロボットを量産する場」である。

このことに十代で気付いた私は、今まで何度となく、悲鳴を上げて来た。しかし、その悲鳴は誰にも届かず、私は途方に暮れ続けた。正に、「けげんそうなな目」で見られ続けて来たのである。

けげん（怪訝）＝何かを疑い、怪しんでいる様子。

今度こそ、誰かに届いて欲しいと、切に願っている。

1978年

アルバム『ピーターと狼』ライナーノーツ

　イギリスで1978年に出たことは確かなのだが、日本盤の発売日は不明。

　LPのA面に、ロシアの作曲家、セルゲイ・プロコフィエルの「ピーターと狼作品67」(「67」とは、作曲家が作曲した楽曲を1冊の楽譜として出版した際に付ける連番号を意味する)、B面には、イギリスの作曲家、ベンジャミン・ブリテンの「青少年の管弦楽入門 作品34」が収められていて、ボウイはA面でナレーションを担当している。

　作品自体の解説は宇野功芳（指揮者であり、音楽評論家）が書き、岩谷は「デビッド・ボウイーと子供」という文章を書いている。

　これは、「ロックとは何か」について言及された、極めて重要な文章であると思う。

　《ロック音楽の主対象は完全な子供、ではない。大人への入り口にさしかかって、迷ったり、疑問を抱いたり、消極的にあるいは積極的に反抗したりしている、いわば"子供最終期"の子供達に、あらためて子供であることの自覚をはっきり取り戻させ、これまでの、あまりにもモンダイ多い大人達ではなく、これまでになかった新しい大人達への成長の道を、みずから造り出させようと促す、アジテーションとしての機能を、すぐれたロック音楽は持っている。（中略）すぐれたロック音楽は、子供達が、従来的な大人へと"硬直化"して行くことを完全に防ぐ、強力な効能を発揮するのである》

　…こんな素晴らしい夢を、岩谷はロックに見たのだ。そして私も、岩谷の言葉を信じ、同じ夢を見た。

　当時、この文章を読んだ人間はどのくらいいたのだろう。読んだとしたら、どんな感想を抱いたのだろう。

「そんなの、妄想だ」「新しい大人達なんて、空想の産物に過ぎない」-そんなふうに思って、そのまま読み返すことは無かったのではないか。

　しかし、私は今も、この夢を信じている。

　今までの人間たちは、あまりに問題だらけだった―この考え方には、賛同してくれる人が多いような気がする。

　今の、日本社会に目を向ければ、重大な問題が山積しているのは一目瞭然だ。

　私はあきらめたくはない。皆が真に幸福に生きられる世の中を実現するために、まずは、一人、一人が変わって行くこと。

　《デビッド・ボウイーが「子供しか相手にしない」という場合、これは、子供はまだ何にも染まっていないから、なにかを教育しやすい、吹き込みやすい、といったことでは決してない、それは、人間の子供というものが持っている「歴史展開の生命力」に対して言われている》

　子どもとは、歴史を開く生命力そのものだ。

『GORO』1978年1月12日号 (小学館)

　『GORO』は、主に20代の男性が主要読者層だった総合雑誌で、1974年から1992年まで、隔週で発行されていた。

　今号の表紙はピンク・レディーだが、どんな記事が載っているか、目次から列挙してみよう。

　「篠山紀信 激写 ピンク・レディー」

　「評論・現代マンガ10精選」

「『円高』は経済一流国へのワンステップなのだ!」

　岩谷のボウイ論は155ページから157ページ。僅か3ページだが、私にとっては、岩谷がボウイについて書いた文章の中でも、ベストのうちの一つである。

　「GO ROCKING PAPER PART2 デビッド・ボウイーの『英雄夢物語』が告げる20世紀文化の終焉」

　(このタイトルを付けたのは編集部だと思うが、『英雄夢語り』として欲しかった。なお、PART1は、「「ロンドン・パンクの虚像を剥ぐ!! 緊急現地レポート」)

　今回の文章は、「『マイ・ウェイ』ってツカレル歌だ」から始まる。

　「マイ・ウェイ」とは言うまでもなく、ポピュラー・ミュージック界の大スタンダード・ナンバー。なのになぜ、岩谷は「ツカレル」と書くのか?

　(「マイ・ウェイ」は、1967年のクロード・フランソワのフランス語の曲に、ポール・アンカが英語詞を付けて、フランク・シナトラが歌った曲。1969年発売)

　《題名を直訳すれば「私なりの生き方」となるのかな。歌の内容は「いろいろあったけれども、私は私なりに計画し判断し、私なりの生き方で生きてきたんだ!」と、なんてのか、自分というものをいっしょうけんめい絶対的に、肯定しようとしてる歌なのね》(155ページ)

　《この文章をいま読んでいるあなたが、いまのふつうの、やさしい男の子であり女の子であるなら、右に内容を紹介した「マイ・ウェイ」について、「なんだか、いやらしい歌ね」とか、「ツカレル(疲れる)歌だなあ」とか思うでしょう》(155ページ)

　私も昔から、「マイ・ウェイ」という歌は好きではない。いやらしさや、苦々しさを、どうしても曲全体から感じてしまう(「自分はやさしい人間だ」と言いたいのではない)。

しかし、そうは思わない人の方が世界中で圧倒的に多いから、この歌は大ヒットし、スタンダード・ナンバーになったのだろうか? ネットで調べてみたら、カバーされた回数が、史上第2位の曲（1番目はザ・ビートルズの『イエスタデイ』）と書いてあった。

　「やさしい男の子や女の子」を登場させたあと、岩谷はこう続ける。

《（前略）心だけ、気持ちだけやさしくっても、今の時代は受験戦争〜就職戦争〜企業競争、といったふうに、やさしさが大ピンチにおちいってる状態でしょ。一人で、やさしい歌や、やさしい少女マンガにふけっていたって、この状態は変わらない》（156ページ）

　このくだりには、多くの人が賛同してくれるのではないか。岩谷がこう書いてからもう40年以上経っているのに、今も「やさしさ」はピンチに立たされたままだ。

　私たちは今、生まれてから死ぬまで、すなわち一生涯、他者と「競争」し合いながら生きることを強制されている。

　しかし、なぜこんなことになってしまったのだろうか?

　（『週刊金曜日』2022年5月27日号の特集「韓国経済の光と影」には、日本以上と思える厳しい競争に晒されている韓国人の現状が書かれている。

　以下は、同特集中の、「元気な韓国、その裏側にあるものは格差拡大と激しい競争」（神谷毅）より、、23ページからの引用である。

《幼いころから塾に通い、有名大学に入ろうとする競争。（中略）大企業をめざす競争。（後略）》

　同じページには、若者に人気のエッセイスト兼イラストレーター、ダンシングスネイルの発言も掲載されている。

《ストレスが多いから面白いコンテンツを見て解消するしかない。（中略）解消するべきストレスがとてつもなく大きいので、それに比例して面白さや刺激もとてつもなく大きい》

この発言に私は、ジョン・レノンの《苦痛とは、私たちがいつもほとんど置かれている状態です。そして、苦痛がひどければひどいほど、より多くの神が必要になってくるのです》（草思社『ビートルズ革命』より、34ページ）という言葉を思い出さずにいられない。

ここで語られているコンテンツとは、映画やゲーム、音楽・小説とかやらだろうか。

ストレスを解消するためにこれらコンテンツを消費する層は、コンテンツを生産する側に、お金を搾り取られるだけでなく、精神さえもコントロールされて行くのだ）

このピンチに対して私たちはどう立ち向かうべきか、岩谷の考え方に耳を傾けてみよう。

《やさしさがいやらしいやさしさでも無力なやさしさでもなく行動的なやさしさであること（後略)》（156ページ）

「私はやさしい人間だ」などと、一人で喜んでいても仕方がない。行動しなければ何も変わらないと、岩谷は説く。

《「マイ・ウェイ」という〝ツカレル〟歌を、同じコード進行と同じテンポで〝掃除〟してみせたのが、1971年発表のアルバム『ハンキー・ドリー』に入っている「火星の生活」です。「自分」というもののとらえかたが「マイ・ウェイ」の歌詞とは正反対だ、という点に注目して次の訳詞を読んでみてください》（156ページ）

そしてこの後、「火星の生活」の訳詞が続く。

《ほんのささいなことなのに
　母親にはダメ!とどなられ
　父親には出て行けと言われ
　友達もいないからしかたなく
　まちの映画館に入って
　いちばんよく見える席にすわる
　くすんだ色の髪の少女
　こんなめにあう人間は
　今は数限りなくいる》（156ページ）

　親に限らない。職場なら上司、学校なら教師に嫌な目に遭わされ、一時の避難所として、映画館に足を運ぶ人は、決して少なくないだろう。

　人によっては映画館でなく、たとえばゲームセンターだったり、マンガ雑誌だったり、するのだろう。

　何者かによって酷い目に遭わされる人間は、今も数限りなくいることだけは、間違いない。

《（前略）あえてこじつければ「デビッド・ボウイーが発散するバイブレーションの中には、私たちが私たちとしてつくっている未来の、その空気が感じられる」ということか。それは、私たち一人一人の天から与えられた孤独と、そして孤独を自覚した者たちの、しっかりとした、もう二度と離れないトゥギャザーネス（一緒にいること）だ》（157ページ）

　「Togetherness」には、一体感、連帯感、協調などの意味がある。

《音楽が対象とするのは人間の内面であるから、明治以来の国の政策や、教育、教養、生活様式、生活に使うもの等等、あるゆる面でヨーロッパ性（中略）が大はばに根を張ってしまった私たち日本人にとっても、ボウイーの仕事は無縁ではない》（157ページ）

《ヨーロッパ型文明の特徴＝トゥギャザーネスの無さ（例＝進学競争）。人間を管理的支配的に上からまとめること（中略）。だから、ロックの側からは、もう、マイ・ウェイ（my way）では駄目なのであって、だんこ、アワ・ウェイ（our way）にしていかなくては、との発言がなされる》（157ページ）

はじめてこの文章を読んだとき、私は大きな衝撃を受けた。弱き者、力無き者は上から支配されるほかないと、それまでずっと漠然と思っていたが、決してそうではないと悟らせてくれたのが、この文章だった。

学校における知識獲得競争、企業における出世競争、等々、社会全体が「競争」の中にあり、敗者は限りない屈辱感にあえいで生きて行くしかない、ずっとそう思っていたが、そうではない形で人生を生きられるかもしれないという希望を与えてくれたのが、この文章だった。

しかし、今日においても、私たちの前に横たわる社会には、「マイ・ウェイ」しかないのが現状だ。

70年代に、岩谷が手を変え品を変えてどんなに訴え続けても、その主張は、誰にも届かなかったのではないか。

それでは嫌だから、このままでは我慢し難いから、せめて私は次世代に希望を繋ぎたい。

そのために、今、こうして、岩谷の文章を、読者の皆さんに紹介しているのだ。

あなたに伝わることだけを、今私は祈っている。

『音楽専科』1978年9月号（音楽専科社）

「総力大特集 DAVID BOWIE」という記事の中に、岩谷も書いている。

日本ではこの年の10月5日に発売されたライヴ・アルバム『ステージ』を受け

ての記事で、岩谷のほか、数人が書いているのだが、紹介しておこう。

　三宅はるお「POEM OF DAVID BOWIE」

　みわ幸雄「BIOGRAPHY OF DAVID BOWIE」

　結城ちよ「INSIDE LIFE OF DAVID BOWIE」

　原 哲夫「DISCOGRAPHY OF DAVID BOWIE」

　岩谷は一番目で、タイトルは「PROOF OF DAVID BOWIE」（152 ～ 154ページ）である。

　「PROOF」には、証拠、証明、校正刷り、吟味などの意味がある。

　この文章は、こう始まる。

　《デヴィッド・ボウイが今日までたどってきた道は、夢、反抗、希望、絶望、等の軌跡であり、それはおそらく、私達のものと同一である》（152ページ）

　同一だったからこそ、私たちは夢中になってボウイを追い掛け続けて来たのだ。すなわち、ボウイの姿に、自らの姿を重ねたのである。

　《彼は、私達にとって、ひとつのラディカルな〝たたかい〟の共有者であり、彼の希望も絶望もいわば私達自身の希望と絶望とが白いスクリーン上に映しだされた姿である。アルバムを追って、その道のりをふりかえってみよう》（152ページ）

　夢を希望を絶望を、ボウイと共有し続けた―この言い方に、どれだけのボウイ・ファンが共感してくれるのだろうか。

　分からないが、一人でも多くいることを私は望まずにいられない。

この文章のあと、岩谷は、各アルバムをそれぞれ、2,3行～数十行で解説して行く。

　まずは「全編に亘る自己の存在を見通す眼」と題し、以下の6枚。

『スペース・オディティ』

　タイトル曲で、交信不能になった宇宙飛行士（トム少佐）、及び、フリー・クラウドから来たワイルドな瞳の少年は、《みずからを切り離した「自己」の表明》（152ページ）と岩谷は書いているが、全くその通りだと思う。

　ワイルドな瞳の少年の物語に私は、泉鏡花の『夜叉ヶ池』（と、篠田正浩監督の同名映画）を想起せずにいられない。

『ハンキー・ドーリー』

　冒頭の「チェンジズ」においてボウイは、〝新しきものへ変化しろ〟と聴き手をアジる訳だが、《「新しいもの」への予感は、もっぱら「子供」に託される》（153ページ）としている。

『ジギー・スターダスト』

　《このアルバムでボウイはロック論を展開する》（153ページ）

　ジギー・スターダストという架空のロック・スターを創造し、ロックとは何かを追求したアルバム、ということか。

『アラジン・セイン』

　《「スター体験」後の初のアルバム》（153ページ）

　《タイトル曲では1970年代にぼっ発する大戦争を予感している》（153ページ）

タイトル曲「アラジン・セイン」の原題は「Aladdin Sane（1913-1938-197?）」。

　言うまでもなく、1913年は第一次世界大戦の、1938年は第二次世界大戦勃発の前年である。この曲の詞には、《彼を戦地に向かわせる》という一節も。戦争前夜にも似た、不穏な空気が全編を覆っている曲だ。

『ピンナップス』

　《60年代ロック神話の、個人的ルネッサンスをめざしたもの》（153ページ）とだけ解説されている。

『ダイアモンド・ドッグス』

　《体制への完全な無力感にうらうちされた体制批判》（153ページ）

　…このような視点で、本アルバムを聴き直してみるのも、面白い試みだろう。

　次は、「ヨーロッパ最深部への旅立ち」と題して、以下の4枚。

『ヤング・アメリカンズ』

　《このころ、ディスコ・ソウルに毒されていたアメリカ。毒をもって毒を制しようと、ディスコ・ソウルの本場フィラデルフィアで制作したアルバム》（153ページ）

　改めて、ジャケットのボウイの美しさに目を見張らせられる。左手に持つタバコの煙も印象深い。

『ステイション・トゥ・ステイション』

　《いつも、ほんとは、自分は、単純で深い愛のためにのみ行動していたのではなかったか…。とらえどころのないアメリカに見切りをつけて、以後、彼はヨー

ロッパの最深部へと旅立つ》（153・154ページ）

　単純で深い愛のためにだけ、何て美しい言葉だろう。60年代、「Love &
Peace」という価値観を持ったロックだが、このアルバムでいう「愛」は、もっ
と個人的なもののように思える。個人的だからこそ切実で、切羽詰まっているよ
うな。

『ロウ』

《深く暗い歴史の傷跡。その中で、一人、一人に閉じられている人間。彼もまた、
そのような個人の一人でしかない。暗闇を通して、そのような一人一人に対して、
彼は切実に呼びかける。「なにもいらない。ただ、あなたの愛だけがほしいだけ
なんだ…」と》（154ページ）

　歴史は、今までどれだけの犠牲者を生んで来たことだろう。歴史の傷跡の中、
私たちは毎日を、恐怖と不安に揺られて生きることを強制させられている。

　そんな状況にあって、少なくとも70年代には、ボウイという、聴き手に対し
てただひたすら切実に訴えかける表現者がいたのだ。

　このアルバムにおいてボウイは、ロックスターであることをかなぐり捨てて、
一人の孤独者として、同じように孤独な聴き手、一人、一人に呼び掛けているの
だ。

『ヒーローズ』

《もはや、一人一人の、弱い人間の、その一人一人の深奥のひそかな生、ひそ
かな想い、といったものを信じるしかない》（154ページ）

　この文章からは、最終曲「アラビアの神秘」を想起させられる。

《（前略）しかし、いつの日か、私達こそが、すべて、王となり、王妃となる日

が来なければ…。これまで、歴史の犠牲者であった私達こそがヒーローズとなる日が、ぜったいに来なければ…。しかし、いつ、いかにして?》(154ページ)

　人はどうしたら、歴史の犠牲者として生まれ、生き、死んで行くという運命から逃れることができるのだろうか?

　すべての人が幸福に生きられる世界とは、遂に訪れ得ないのだろうか?

　この問いに対する答えを見つけるために、今も私はもがき続けている。

　この問いの答えを探すことが、昔も今も、私の思想的課題だと思っている。

　『ロウ』『ヒーローズ』において、ボウイは表現の極北まで到達した。したがってこの時点でボウイは、彼が表現できるすべてを表現し切ったともいえるのだ。

　この2作の亡霊を探す旅を続けたのが、80年代以降のボウイだったのかもしれない。

　アルバム『ザ・ネクスト・デイ』は、『ヒーローズ』の次の日を求めたボウイと、ファンである私たちの間で生まれた、一時の夢の産物であった。

　そして最終作『★ ブラックスター』において、ボウイはようやく、『ヒーローズ』の次の日を見出したのである。

1979年

「ヤング・ミュージック・ショー」1979年3月26日放映
再放送は、同年8月4日

　70年代から80年代にかけて、NHKの人気ロック番組だった「ヤング・ミュージック・ショー」については、『僕らの「ヤング・ミュージック・ショー』(城山隆著

情報センター出版局）を、最良の資料として紹介しておきたい。

　この番組にボウイが登場したのだが、岩谷は、「訳詩」を担当している。

　『デヴィッド・ボウイ・ファイル』（制作・スローガン　シンコーミュージック・エンタテイメント発行　2006年1月10日初版）に、番組のプロデューサー、波田野紘一郎のインタビューが載っていて、次のように語っている。

　《「ヒーローズ」という曲について》波多野「（前略）全ての人々が引き裂かれて、そのギリギリのところに立ったとき、そこには死が控えているんだろうけど、そのときその人は英雄になりうる地点にいると。（後略）」

　インタビュアー「あの曲だけ、歌詞のテロップが上に出てますものね」

　波田野「そう、訳は岩谷宏くんに頼んでね。（中略）かなりの意訳だけどね（笑）」》（116ページ、このインタビューのタイトルは「TVとメディアとロックンロール──波田野紘一郎インタヴュー　デヴィッド・ボウイと"ヤング・ミュージック・ショー"」

　では、その、かなりの意訳である岩谷の「ヒーローズ」訳の一部を紹介しておこう。

　《まわりの世界は
　　今もすさんでいる
　　いつの日にか私とともに
　　一人一人がヒーローに
　　確かな強い愛で
　　いまではなく
　　きたるべきその日に》

　しかし、その日は、未だ来ていない。世界は今も、荒んだままだ。

なお、この番組で演奏されたボウイの楽曲は、以下の通りである。

1、「ワルシャワの幻想」
2、「ヒーローズ」
3、「フェイム」
4、「美女と野獣」
5、「5年間」
6、「魂の愛」
7、「スター」
8、「君の意志のままに」
9、「ジギー・スターダスト」
10、「サフラゲット・シティ」
11、「ステイション・トゥ・ステイション」
12、「TVC15」

岩谷の訳詩が流れるのは、2、5、7、9、12の5曲。

どれも（私には）オリジナリティ溢れる素晴らしい意訳だが、中でも「スター」の出だしが秀逸なので、引用しておきたい。

《不正と闘う友
　一方に飢える友
　みんなを肯定する
　僕はロック・スター
　変革を試みた友は
　今もあきらめぬ》

「5年間」の中でボウイは、〝何て、沢山の人がいるのだろう〟と歌った。

私にも、不思議なのだ。なぜ、こんなにも多くの人が、全く違う運命の下、こんなにも苦しみながら生きて行かなければならないのか。

どんなに闘っても、あがいても、飢えに苦しむすべての人を、〝死にたい〟と思い詰めているすべての人を、苦境にあるすべての人を、救うことはできない。

でもまだ、私もあきらめていない。社会が、このままでいいはずがないのだから。歴史の犠牲者として生き、犠牲者として死んで行く—どうしたらこの運命を変えられるのか、私は今も必死に考えている。

アルバム『ロジャー』日本盤 1979年5月21日発売

このアルバムで、岩谷は訳詞を担当している。活字文字ではなく、手書きの文字が印刷されていて、おそらく、岩谷の直筆だろう。

全10曲、すべての訳詞が掲載されているが、ここでは、2曲に絞って紹介しておこう。

「素晴らしき航海」

《人間すべての尊厳の確立も大切だが
　いま、こうして、なんとか生きてること自体
　同じく大切だ》

尊厳の確立とかやらを言う前に、今生きていることの大切さを思おうという訳だが、確かに、そう思いながら毎日を生きて行くほかないのだろう。

「怒りをこめてふり返れ」

《この夜の力によりて、怒りを込めてふり帰れ
　そして、やり遂げよ》

「よりて」には、「依りて」「因りて」などの漢字が当て嵌まる。

「夜」としか思えない現実を生きさせられている私たちが、その夜の力によって、

怒りを露わにし、振り返るのだ。

そして、成すべきことを成せと。

私たちの、歴史的課題とは何であろうか。無力な私たちに、この世の「間借り人」として何とか日々を生きているだけの私たちに、いつか、いつの日か、この世界を変えることなどできるのだろうか?

『クールガイ』1979年（昭和54年）10月号

『クールガイ』は、蒼竜社から発行されていた男性誌で、1977年5月号が創刊号になる。今回取り上げる1979年10月号だが、表紙には「創刊30号特別記念」と書かれている。ただ、その後、何年まで続いたかは、調べてみたが分からなかった（1989年7月号までは確認できている）。

「デヴィッド・ボウイー しぶとく生き続けるロック・スピリット」（43 〜 47ページ）

《素顔のボウイーは、そんなに、美しいという感じはない。》（43ページ）

私はボウイの素顔を知らないが、「実際には美しくはない」（のかもしれない）というのは実は、かなり重要な指摘ではないかと思う。

《美しいのは、必ずしもその人間実物ではなくて、（本名）デヴィッド・ジョーンズが創り出し、世に出した、デヴィッド・ボウイーという「作品」が美しいのだ》（43ページ）

重要なのは、大事なのは、正にこの点だと思う。

レコードやCD、雑誌や書籍、映画、ビデオ…そういったメディアを通じて私たちはボウイと出会った訳で、彼は、ジギー・スターダストという架空のロック・スターを創出したが、そもそも、「デヴィッド・ボウイ」という存在からして、

彼が創り出したキャラクターだった訳である。

《たとえば、彼が子供時代の思い出としてあげるのが、「小学校に通う途中に、大きな刑務所があった」ことである。監獄——つまり、人間を〝隔離〟し、〝監視〟するという思想に現れている現代社会の荒廃——これについては、ミシェル・フコーというフランスの現代哲学者も指摘している》（44ページ）

刑務所のエピソードは、どうやら作り話のようなのだが（CBS・ソニー出版『デヴィッド・ボウイ 神話の裏側』の41ページに「毎朝通学途中にブリクストン刑務所の前を通ったというのも彼の作り話だ」と書かれている）、人間を隔離し、管理し、監視するシステムは、現代社会の至るところに存在する。

学校はもとより、企業というものもまた、人間を管理し監視するためのシステムである。

社会の「管理社会化」は、以前より、かなり進んでいるように思う。

《最新アルバム『ロジャー（間借り人）』のジャケット写真では彼は両手両足、鼻までもねじ曲げられて横たわっているが、こういう感じは、彼にはそもそもの最初からある》（44ページ）

「美しき私」とは、借り物（＝間借り）の姿であることを、ボウイは『ロジャー』のアルバム・ジャケットで露わにした、と言えるだろう。

しかし、私がこのジャケットを見たとき、「カッコ悪さ」は特に感じなかった。逆に、「ファッショナブル」と感じたぐらいである。

《音楽をやっていながら、そして、音楽の力を信じてもいながら、いわゆる音楽バカにはどうしてもなれない。そして、彼はこのアンビバレンツ（どちらか一つに着けずに、不安定な状態）をそのまま逆用することで一挙にスターダムに躍り出る。アルバム「ジギー・スターダスト」と、このテーマによるコンサート・ツアーである》（44ページ）

人は実は、絶えず「アンビバレンツ」の状態に置かれているといえるだろう。

　「A」という事柄の意味は「B」だと断言することは誰にもできない。「B′」かもしれないし、「C」かもしれない。

　人生の意味はこうだと、容易く断言できる時代に、私たちは生きていない。

　《ロックは白人のブルースである。先進資本主義国の、工業科社会の、都市の〝とり残された自分〟たちのための演歌である。(中略) ボウイーには、人間一人一人が音楽の中で朽ち果て、自殺して行く危険性が見えていた。(中略) 音楽も、彼は、人を覚醒させるような音楽を、とねらう》(44 ～ 46ページ)

　工業化社会は、多くの、「とり残された人」たちを生み出した。あまりに急速に変わって行く社会では、その変化について行けない人を生み出して、当然である。

　「とり残された人」たちの心は痛み、悲鳴をあげている。その痛みを、せめて一瞬だけでも解消してくれるコンテンツの一つが音楽だ。

　しかし、音楽による救いは、あくまでも聴いているとき限りのものである。したがって、音楽によって真に救われることは不可能、だったらどうしたらよいかを考えたのが、ボウイだった。

　音楽の中に埋没してしまう危険性に対し、埋没するのではなく、音楽を一つの契機として、覚醒すること。

　《(前略) 毒でもあれば薬でもあるようなロックを、ボウイーは、一人の宇宙人に擬人化することによって、極端に対象化してしまう》(46ページ)

　《これまで、世界は男が支配していた。そして度重なる戦争を起こしてきたし、今日でも、経済戦争・ビジネス戦争を推し進める中で、多くの格差、抑圧、差別、搾取、等々の不幸を生み出している。このような、いかめしい、たくましい、硬

直的な、ときにはあぶらぎった、攻撃的な男性像に対し、ボウイーは、もっとや
わらかい、美しい、中世的な男性像を身をもって呈示する》（46ページ）

　世の中を見回すとき、なぜこんなにも不幸が多いのか、なぜ人々は昨日も今日
も明日も苦しみ続けねばならないのかと、いつも遣り切れない思いに駆られてし
まう。

　戦争も悲惨も格差も搾取も、いつまで経っても無くならないという絶望的な人
間社会に、一矢報いること。それが、ボウイの音楽だった。

　「一矢報いる」＝自分に向けられた圧倒的な非難や攻撃に対し、少しでもやり
返す、反論すること。ただし、受けた攻撃に対し、ごく僅かな反撃でしかない。

　ごく僅かであろうとも、抵抗し続けて行くしかない。抵抗の姿勢のみが、人を
歴史の泥沼から少しずつでも救って行くと信じて。

　本書もまた、この不条理な世に放つ投げ矢である。

　《彼の主演した最新作の映画は「ジャスト・ア・ジゴロ」（中略）まだ見ていな
いが、右翼と左翼が撃ち合いをやってる中で、流れ弾に当たって死んでしまうら
しい。右にしろ左にしろ、保守にしろ革新にしろ、そういう男性的な闘争的概念
とは全く無縁の立場をとる》（47ページ）

　闘争を是とする社会で、弱き立場の人は、流れ弾によって死んで行くしかない
のか。それでもそれでも、私も「男性的な闘争的概念」とは無縁の立場にずっと
居たい。

　「男性的な闘争的概念」の例＝企業における出世競争、学歴、年収等によって
人を判断すること。

　《あらゆる人間を見つづける
　　現代世界の「間借人」

汗くさい男たちの中で
　　一人超然と美しく》（47ページ）

　『ロジャー』をベルリン三部作に加えるには、『ロウ』『ヒーローズ』の音世界
とはあまりに違う。しかし、こう考えてみれば、『ロジャー』は、『ヒーローズ』
に次ぐアルバムとして、実に相応しかったことに気付く。

　この世の間借人として、「超然」とした立場で、人間を、世界を、歴史を見続
けること、それこそがボウイだった。

　「超然」＝世俗的なものごとにこだわらないさま。

　《その中で彼は、彼自身の旅、そして時代の船に揺られてどこへ行くともわか
らぬ私達の旅について歌う。「間借人」とは彼自身のことであるが、男性主導の
ザラザラした今の世界で、なんとか、しょうことなしに生きている私達自身のこ
とでもある》（47ページ）

　「その」とは、アルバム『ロジャー』を指す。

　今も、この世界はザラザラとした荒野だ。

　「しょうことない」＝なすべき手段が無い、致し方ない。どうしたらいいのか、
適当な方法が見つからない。

　私たちの旅は、今、どこへ向かっているのだろう？

　《「ヒーローズ」という曲の中で彼は「いつの日か私達はヒーローになれる。し
かしそれはいつの日かであって、明日でもあさってでもないし、確定的な日にで
はない」という意味のことを言っている。しかし、いつの日にかは、男共がガチ
ガチに作りあげたこの硬直的な世界は葬り去らねばならないし、女はさらに強く
輝かしくならねばならない。私達にその夢があるかぎり、私達のその夢が、デ
ヴィッド・ボウイーをスターとして生かし続け、私達と共に成長させ続けるだろ

う》（47ページ）

　今すでにボウイはこの世にいないが、私の中で、ボウイは、その夢は、生き続けている。

　歴史という重荷から解放され、すべての人が、もっと楽に生きて行ける世界が到来することを、私はこれからも願い続けたい

　「ヒーロー」という存在すら必要とされなくなり、毎日を、革新と確信と充実の中で生きて行ける世界の訪れを、ただそれだけを。

1980年

『ロッキング・オン増刊 ロックからの散弾銃』岩谷宏著 1980年5月発行

　「まえがき」で、岩谷自身が書いている通り、内容は《一編が千字前後の「コラム集」》である。

　この中で、ボウイが登場するのは、以下のページである。

　「ポール・マッカートニー」（6・7ページ）

　《デイヴィッド・ボウイーは、ウィングスを「人畜無害、モスクワへも行けるだろう」と酷評している》（6ページ）

　『デヴィッド・ボウイ・ファイル』（シンコーミュージック）には、『JAM』1979年6月号に載ったボウイのインタビューが再録されていて、その中に、こんな発言がある。

　《インタビュアー「最初にソ連公演とか中国公演とかをやるロック・ミュージ

シャンになりたいと思いますか?」

　ボウイ「ハッハッハ! そういうのは、ビー・ジーズとか、ポール・マッカートニーにまかせておくよ。せいぜい人畜無害なロックをやりたいうちはね（笑）》（110・111ページ）

　「人畜無害」と訳されている箇所がどんな単語だったのかが気になる（おそらく、nice & easy か?）。なお、インタビュアーは水上はる子。

　（『JAM』は、1979年に創刊された音楽雑誌で、シンコーミュージックから出ていた）

　「人畜無害」と言われようと、私はポール・マッカートニー＆ウイングスの音楽は結構好きな方である。

　「女王たち」（36・37ページ）

　《さて、19世紀末から20世紀半ばにかけて1部の詩人、画家などによって試みられた変容の技術を「音楽＋自分の姿の提示の仕方」に応用した人々がいる。そのメイン・ストリームが、ルー・リード、デヴィッド・ボウイー、ブライアン・フェリーという流れである》（36ページ）

　「売れること」に最も大きな価値があるポピュラー・ミュージック界において、自らの在り方を主張し得たというのは、改めて凄いことだったと思う。

　「歴史のきめ方」（56・57ページ）

　《マス・メディアという鏡には、自分のバカヅラがひとつ映っているだけで、その不毛ぶりは、コンサート会場に行けばわかる。（やたらと鏡を割るシーンが多かった、デヴィッド・ボウイの「間借人」のテレビ、また、オーディエンスが見たと思ったものを一瞬後に裏切るシーン。)》（56ページ）

『ロジャー』収録曲「怒りをこめて振り返れ」「D.J.」「ボーイズ・キープ・スウィンギング」のPVをぜひ観直して欲しい。

　「差別」（58・59ページ）

　《デヴィッド・ボウイーは、最近のアルバムで「人間の尊厳というけれど、みじめでもいいから生き伸びることが大切」と言ったが、ジンバブエやナミビアの黒人の前でそんな歌を歌ったら、はったおされるか、あるいは、「どうぞ、お帰り下さい」と言われるだろう》（59ページ）

　「みじめでもいいから、生き延びることが大切」、この価値観は、日本人である私たちにも共有できるものだと思うが、そうではない人たちも、当然いるということだろう。

　「イギリス」（62・63ページ）

　《デイヴィッド・ボウイーはアルバム「ダイヤモンド・ドッグス」を、元は、「一九八四年」にするつもりだった。ジョージ・オーウェル未亡人のところにタイトル使用の許可をもらいに行った。すると未亡人は「ロック（のような下賤な音楽）に、あの偉大な作品のタイトルを使うなんて!」と断った。（後略)》（63ページ）

　こちらでは「デイヴィッド」表記となっている。

　その他、「アメリカ」（84・85ページ、アルバム『ヤング・アメリカンズ』について）、「黒人女性」（98・99ページ、「薄笑いソウルの淑女」について）、「THE WIDTH OF A CIRCLE」（100ページ、「円軌道の幅」の訳詞）、「女装」（101ページ、「マニッシュ・ボーイ」について）、「現世的な女」（104・105ページ、初期の頃の作品のテーマについて）、でも、ボウイの名前が出て来るが、本書からはあと、ボウイとは関係ないが、個人的に重要視している文章を紹介しておきたい。

「サバイバル（生き残り）」（80・81ページ）

《たとえば、いま、東南アジアのどこかの水田で、一人の農婦が黙々と農作業をしている。彼女の村は皆殺しにあい、父も母も、夫も、子供たちも、そして隣人たちも殺された、なにかの偶然で彼女一人が生き残った。（中略）毎日、炎天下で働いて、食べて、寝るだけである。娯楽はない。心を浮き浮きさせるようなこともない。夢もない》（80ページ）

《私は、私もまた、さきにあげた東南アジアの農婦だと思って生きていたい。ロックがかつて、歴史に対して全否定を投げつけたのも、彼女の立場からだったに違いない。でないと、すべてウソだったことになる》（81ページ）

　私が今、こうやって本書を書いているのも、彼女の立場からのつもりでいる。歴史は、深く暗い傷跡を、私たちの間に残した。

　そのことに抵抗したい、抵抗し続けたいと思う。どんなに頼りない一歩であっても、歩んで行くしかないのだから。

　一緒に歩いてくれる人を見つけたい、切にそう願っている。

1981年

『ザ・ポップ宣言（仮題）』ロッキング・オン社
1981年9月初版

　こちらは増刊ではなく、単行本として出版された。

　「かくて、世界の腐蝕は進む――」（158・159ページ）、「車」（169 ～ 171ページ）にもボウイの名前は出て来るが、本書からは、以下に絞って引用しておく。

　（「車」で岩谷は現代社会における「自動車」の有り様について批判している。

「デイヴィッド・ボウイー」（181・182ページ）

《最近は私はこの人に対してほとんど百パーセント否定的である》（181ページ）と岩谷は書いていて、ボウイのベストは『ハンキー・ドリー』『ジギー・スターダスト』『アラジン・セイン』の時期だと言う。

《これらのアルバムには、ロック・ファンどころか、世界中の人が真剣に聴くにあたいする超名曲が何曲かずつある》（181ページ）として、『ハンキー・ドリー』から、「ユー・プリティ・シングス」と「流砂」を挙げている。

（そんな超名曲を、立て続けに作り得た70年代ボウイの凄さ!）

「ユー・プリティ・シングス」とは、「人間にとって子どもとは何か」を問うた曲であり、「流砂」は、「何事にも拘泥することなく、ただ無力に、私のそばに居て欲しい」と願う曲だと、個人的に思っている。

184・185ページには、「ユー・プリティ・シングス」の訳詞も掲載されている。

1983年

日本盤シングル「レッツ・ダンス」1983年3月25日発売

岩谷が対訳を担当している。B面は「キャット・ピープル」だが、こちらは訳されていない。このシングルは、オリコン・チャートの最高位34位。

「さあ、踊ろう」とボウイは聴き手に呼び掛けているが、安心の日々が終わり、凶運が差し迫っているという不安感が、全編を覆っている曲だと、私は思う。

岩谷の訳詞は、そのあたりを巧みに表現している。

この詞から私は、一瞬、尾崎豊の「I LOVE YOU」を連想した。

アルバム『レッツ・ダンス』について、岩谷は『RO』誌上で言及していた（本文ではなく、ディスク・レビューのページで）ように記憶しているが、今回、見つけ出すことはできなかった。

極私的ボウイ論 ②

「The Next Day 〜昨日を超える明日」

（映画『デヴィッド・ボウイ　ムーンエイジ・デイドリーム』の内容に触れています。未見の方はご注意ください）

2022年11月12日（土）、私は愛知県国際展示場にいた。コロナ禍のため二度延期となった、アヴリル・ラヴィーンのコンサートのために、である。

8年ぶりとなった来日公演は、デビュー20周年を祝うかのように「コンプリケイテッド」「ガールフレンド」「アイム・ウィズ・ユー」等、代表曲満載のステージとなったが、彼女のパフォーマンスから最も強く感じたのは、切迫感・切実感だった。

今、この瞬間に全てを懸けなければ何もかもが手遅れになってしまう。だから、全てが崩れ落ちてしまう前に、ありったけの想いを込めて、メッセージを伝えるのだという、切実感・切迫感。

それは、私が今まで聴いて来たロック音楽の真髄と同じものだった。

（今回のライヴを体験して、なぜアヴリルの歌う「イマジン」だけが、他のどんなザ・ビートルズ関連（ソロも含む）のカバーより私の胸を打ったかが、分かった気がした）

このコンサートでは、「ヒアーズ・トゥー・ネヴァー・グローイン・アップ」という曲も披露されたが、「大人になんてならないで」とは、正に、以前の、ロックのメッセージそのものではないか。

ロックの体現者たるアヴリルに魅せられたステージだったが、2022年後半は、ボウイ関連のリリースが続いた年でもあった。以下、順番に書いてみよう。

9月21日　アルバム『トイ・ボックス』『トイ』『ブラック・タイ・ホワイト・ノイズ』『'アワーズ…'』『アースリング』『アウトサイド』『郊外のブッダ』（『トイ・ボックス』と『トイ』以外は2021リマスター）

　11月15日　海外盤『Moonage Daydream』DVD及びBlu-ray（2022年12月31日時点で、日本盤未発売）

　11月18日　『ムーンエイジ・デイドリーム〜月世界の白昼夢〜　サウンドトラック』

　12月7日　ボックス・セット『ディヴァイン・シンメトリー』

　ボックス・セット『ディヴァイン・シンメトリー』は、アルバム『ハンキー・ドリー』の制作ドキュメントのような内容で、4枚のCDと、1枚のBlu-ray Audioで構成されている。

　（「デヴァイン・シンメトリー」（「divine symmetry」）とは、アルバム収録曲「流砂」に出て来る言葉で「神の対称性」「神の均整」などの意味）

　Blu-ray Audioには、『ハンキー・ドリー』の2015リマスターや、ボーナス・トラックとして「火星の生活」の2016ミックスなどが収録されているのだが、改めてこのアルバムと向き合ってみると、『ジギー・スターダスト』で大きく飛翔することになるボウイの、妖しくも美しい有り様が閉じ込められているようで、心が震えずにいられない。

　どこか懐かしさを感じるピアノに導かれて始まる「ユー・プリティ・シングス」、エイリアンのような様相が印象的だったPVを思い出す「火星の生活」、そして、底なしに妖艶な「ザ・ビューレイ・ブラザーズ」。思考が砂に流れてゆく様を歌う「流砂」。あるいは、アンディ・ウォーホルや、ボブ・ディランを歌った曲に、狂気を感じる「クイーン・ビッチ」、等々。

　どれも超名曲ばかりだが、私が今最も注目したいのはやはり、1曲目の「チェ

ンジズ」である。

　（コーラス部分の「Ch-ch-ch-ch-Changes」を、「どもっている」という人もいるのだが、私には「チェ・チェ・チェ・チェンジズ」ではなく、「チュ・チュ・チュ・チェンジズ」と聴こえる）

　ボウイが、自身に対し、絶えず変わって行くことを宣言した曲として、今なお多くの聴き手の胸を打つ楽曲なのだが、ファンによっては、「変化ということで、未だボウイを語るのはどうなのか」と、否定的に受け止めている人もいるかもしれない。

　その人たちの気持ちも大いに理解できるのだが、2023年3月24日の日本公開が決まった映画『デヴィッド・ボウイ　ムーンエイジ・デイドリーム』のサントラを聴き、海外盤Blu-rayで映画本編を観た私は、あえて再びこの曲に注目したいと思う。

　なぜなら、映画の最後に流れる曲は「チェンジズ」だから。

　したがって、映画を観終わったとき、監督・脚本・編集・製作を担当したブレット・モーゲンは、「チェンジズ」という言葉を、映画全編を貫く鍵となる言葉としたことに気付かされることになる。

　（大鷹俊一氏は、『レコード・コレクターズ』誌2023年1月号の30ページで「（前略）ブレット・モーゲン監督（中略）が、映画全体の軸に据えたキーワードが<チェンジズ>だった」と書いている）

　私が本書のタイトルに「変容」という言葉を用いたのは、私の念頭に絶えずこの曲が流れていたからにほかならない。

　「変化」と「変容」も、「何かが別の状態に変わって行くこと」という意味では同じだが、「変容」には、姿形や様子などが変化するという意味合いがより強い。

だとしたら「変容」こそ、ボウイを形容するにより相応しいのではないかと考えたのである。

　（かつて今野雄二氏は、ミッシェル・ポルナレフのことを「変容の王子」と称したが、そのことも頭の中にあった）

　2013年、10年ぶりに発売されたボウイのアルバムのタイトルは『ザ・ネクスト・デイ』だったが、このタイトルからも私は、「変わり続けよう」という彼の意志を感じずにいられなかった。

　（このタイトルに私が感じたのは、それだけではない。私が嬉しかったのは、このタイトルそのものである。私たちボウイ・ファンが、彼が沈黙している間ずっと望んでいたこと、それはもちろん、ボウイの新作が出る明日であり、次の日だった）

　すなわち、昨日を繰り返すだけの明日ではなく、「次の日」という言葉に相応しい、昨日を超える明日を目指すこと。

　このアルバムのジャケット・デザインから私が感じ取ったのは、世間から最高傑作と目されているアルバム『ヒーローズ』を超えようとするボウイ自身の意志だった。

　映画は、目まぐるしく時間を跳躍し続け、ボウイ史全体に目配せしているのは確かなのだが、観終わってみて印象に残るのは、やはり、グラム・ロック期とベルリン期なのである。

　…このことから考えてみても、『ヒーローズ』発表後のボウイは、絶えずこのアルバムを超えたくても超えられないジレンマに悩んでいたように思えてならないのだ（それはファンも同じだった）。

　（サエキけんぞう氏は、シンコーミュージック刊『ロックの闘い1965-1985』の137ページで「もちろんボウイとしては、それまでと同じように飄々と変身の

航路を取り続けたかったのだろう。だが『ロウ』『ヒーローズ』の音楽的影響力は、一生背負って賛美され続けるべき巨大さとなってしまい、身軽なイメージの変遷とは乖離してしまう」と書いている。138ページでは「（前略）最新作『ザ・ネクスト・デイ』で、ボウイはそうした漂流に終止符を打ったと思われる」とも。本書の刊行は、2013年）

　生前最終作となった『★　ブラックスター』において、彼は『"ヒーローズ"』を超え得たのか、私はこれからも検証し続けたいと思う。

　ロックや、ボウイが私に伝えてくれたメッセージの一部、それは、

　「今、この瞬間に全てを懸ける」

　「大人になるな」

　「常に昨日を超え、新しき明日を創造せよ」

　だった。

　…これらのメッセージを胸に、私は明日へと歩んで行きたい。

　最後に、今年は、ザ・ビートルズ『リボルバー』のスペシャル・エディションが10月28日発売、キング・クリムゾンの『クリムゾン・キングの宮殿：キング・クリムゾン・アット50』（ドキュメンタリー DVD）が12月21日に発売、その他、テイラー・スウィフトの傑作『ミッドナイツ』（10月26日）も発売と、個人的に極めて実り多い年であったことを付け加えておく。また、日本盤は現在未発売だが、ミッシェル・ポルナレフが、過去の名曲を、主にピアノの弾き語りで再録音した『POLNAREFF CHANTE POLNAREFF』（「ポルナレフ、ポルナレフを歌う」の意）も12月に出ている。

2022年12月31日

極私的ボウイ論 ③

「グラムな奴ら〜私の“憎みきれないろくでなし”たち」

　T・レックス、ロキシー・ミュージック、シルバーヘッド、コックニー・レベル、ルー・リード。みんな、「グラム・ロック」のアーティストと目されていた人たちです。

　かつてジョン・レノンは「グラム・ロックとは、ルージュを引いたロック」と言ったそうですが（出典不明）、グラム・ロックを語るに、これほど見事な言葉を、私は他に知りません。

　では、私ならどう解釈するか。極めて独断的な言い方をすることを許してもらえるなら、以下のようになります。

　「”男”という、粗雑で粗放な生きものが歴史上に跋扈したためにメチャクチャになってしまった世界に対し、あえて中性的な姿かたちを晒すことによって、本来あり得るべき社会を希求するためのムーブメント」

　“男”が行って来た、戦争、競争、殺し合い、差別、いじめ、他人を大切にしないこと等々という諸々の良からぬことを糾弾し、世界をもっと、人々が呼吸し易い場に変えて行きたいという願いが、グラム・ロックの根底にあった――「何を訳分からぬことを」と言われることでしょうが、私が今回語りたいアーティストたちの表現に、私がいつも感じて来たのは、そのようなことなのです。

　ミッシェル・ポルナレフ　　1944年7月03日　フランス生まれ

　デヴィッド・ボウイ　　　　1947年1月08日　イギリス生まれ

　沢田研二　　　　　　　　　1948年6月25日　日本生まれ

（沢田研二さんは、以下、ジュリーと呼ばせていただきます）

　人によって考え方は別れるでしょうが、私にとってはこの3人が、グラム・ロックの代表アーティストです。

　ボウイ来日時に、ジュリーとボウイが一緒の写真を撮られていたり、ジュリーがポルナレフの代表曲の一つ、「忘れじのグローリア」をステージで歌ったり、あるいはポルナレフは来日した折のインタビューで「ボウイの音楽は好きじゃない」という意味のことを語っていたりと、それぞれ繋がりを感じさせられたことはありますが、ではお互い、本当はどう思っていたのかいなかったのか、詳しいことは、私には全く分かりません。

　ただ一つ確かなのは、この3人は私にとって、あまりに特別な人たちだということです。

　ではどう特別なのか、一人ひとり、記述してみます。

ミッシェル・ポルナレフ

　1970年代の日本の洋楽界にポルナレフとカーペンターズ、エルトン・ジョンがいなかったら、日本の洋楽界は、全く淋しいものになっていたことでしょう。

　日本人がようやく、生活に余裕を持て、子どもたちにレコードを買えるお小遣いを与えられるようになり、レコード・プレイヤーも揃えられる時代に符合するようにこれらのアーティストたちが現れたことには、音楽の神様の取り計らいを感じずにいられません。

　（当時の洋楽を支えていたのは、子どもたちにお金を渡していた親たちだったという事実。私たちもレコード会社も、親たちに、深く感謝すべきだと思います）。

　ラジオで洋楽を聴いていた時代にあって、ポルナレフは、その美しい声とメロディーで、当時の子どもたちのハートを鷲掴みにしたのです。

「愛の休日」「愛の願い」「哀しみの終るとき」「愛の伝説」「悲しきマリー」「カトリーヌの追想」…ここには書き切れないほどの珠玉の名曲を残したポルナレフの功績は、どんなに讃えても、讃え過ぎるということは決してないはずです。

作家の姫野カオルコさんや、歌手の藍美代子さん、松任谷由実さんなど、ポルナレフをリスペクトする日本人は、沢山いらっしゃいます。

そして、ポルナレフを語るときに忘れてはならないのは、その外見です。

ぜひ、日本盤シングル「愛の休日」のジャケットの画像を、ネットなどで探してみてください。

70年代の子どもたちがポルナレフに惹かれたのは、楽曲だけでなく、優雅なその風貌にもあったことが、理解してもらえると思います。

当時、ポルナレフを熱心に聴いていた子どもたちの一部は、大人になった今でも、ポルナレフを愛し続けています（私もその一人です）。

デヴィッド・ボウイ

グラム・ロックのスター、地球に落ちて来た男、欧州の黄昏を生きる間借人、映画俳優、世界的スーパースター、猟奇殺人をスケッチする探偵等々、様々な顔を持っていたボウイですが、彼の素顔は、ロマンティックなセンチメンタリストだと思えてなりません。

彼の死の報せは、ジョン・レノンのときと同様に、激しいショックを私に与えました。

私にとってのボウイは、今も、「"ビー・マイ・ワイフ"と歌ってくれた人」です。

ジュリー

2022年に出た『JULIE by TAKEJI HAYAKAWA 早川タケジによる沢田研二』（スローガン発行）は正に、私が長年望んで来た写真集でした。

私がジュリーを好きになったのは、シングル盤「あなたへの愛」が発売された1973年1月のこと（ちなみに、ポルナレフは1974年1月、ボウイは1977年のことです）でしたが、その後の「魅せられた夜」「巴里にひとり」などのフランスに関係する曲には、今でも他の曲以上の愛着を感じています。

写真集の中に確かに存在している、妖しくも美しいジュリーの姿。それは、永遠に保存しておきたい切なさに溢れています。

「時の過ぎゆくままで」は、極めて退廃的で遣る瀬無い歌ですが、決して治ることのない心の傷を抱えた者には、妙に心に沁みる歌でもあります。最後のライン、窓の景色が変わって行くかもという希望が、かろうじて今の私を支えてくれています。

グラムな奴ら

「歌舞く」という言葉がありますが、奇抜な身なりをすることで、世の中に風穴を開けること、世間の耳目を集めることも、グラム・ロックの目的だったように思います。

ジュリーの「憎みきれないろくでなし」という曲をご存知でしょうか？

パンク・ファッションに身を包んだジュリー（渋谷陽一さんは、ご自分のラジオ番組でボウイのツアーを紹介するとき、「沢田研二が被るような帽子を被って」と言っていたことがありました）の姿はあまりに強烈ですが、「憎みきれないろくでなし」という言葉ほど、ポルナレフ、ジュリー、ボウイの3人を形容するに相応しい言葉はないように思います。

私たちは現実の世界で、様々な強制を受けています。そこは、絶えず我慢を強いられる世界です。そこで無謀に振る舞うことは、規範を乱すことは、決して許されません。

　だからこそ私たちは、そんな社会から、一時（いっとき）だけでも逃れられる時間を必要とします。

　そんな時間を共有してくれるのが、私にとっては彼らなのです。

　現実では「ろくでなし」になれないけれど、自分の代わりに「ろくでなし」になってくれる彼等に、私は最大限の敬意を払って、「憎みきれないろくでなし」と呼びたいと思います。

　私の願いはただ一つ。

　"彼らの華よ、どうか永遠に散ることなかれ"

　終わりに当たって

　2023年1月2日にアメリカの『ローリング・ストーン』誌が選んだ「歴代最も偉大な歌手200」135位にランクインした韓国の歌手、IUは、「あなたの意味」という曲の中で、"あなたのすべては、私の解き得ぬ謎"と歌っていますが、ポルナレフ、ジュリー、そしてボウイも、私にとっては永遠に解けることのない大きな謎です。

　彼らを思うときに感じる切なく悲しい感情は今、無人駅でコスモスとなって咲いています。

2023年1月8日

極私的ボウイ論 ④

「"狂気の犠牲者"からの脱却を願って」

　力石徹を失ったあとの矢吹丈（原作：高森朝雄作画：ちばてつや『あしたの
ジョー』の主人公。講談社の『週刊少年マガジン』で、1968年1月1日号から
1973年5月13日号まで連載された、今なお名作の誉れ高い作品であり、私が最も
愛する漫画作品でもある）は、いつも悲しい目をしていた。どこまでも澄んだ優
しい目だったが、その奥には、決して拭い去ることのできない、深い悲しみが潜
んでいたように、私には思えてならない。

　（連載終了後、ちばてつや氏が描いたジョーの絵を見たが、すでに連載時の目
とは違っていた）

　ロックの世界で、同じような目をしていたアーティストがいた。

　それは、デヴィッド・ボウイその人である。

　渋谷陽一氏は、かつてこんなことを書いていた。

　「（前略）僕にとってボウイとは、あそこに全てに絶望しながら最後の一歩で踏
みとどまっているひとつの強い精神があるという意味での支えであった。僕のボ
ウイは音でも歌でもなく、あの異様にこけたほほであり、やせた体であり、そし
て何とも形容しがたい暗く澄んだ目なのである」（「レッド・ツェッペリン初のライ
ブ『ソング・リメインズ・ザ・セイム』をめぐって――ロックの肯定性とは何
か」より、『RO』1976年12月号4ページ）

　渋谷氏と、私のボウイに対する想いとは、全く同じである。もしかしたら彼が
作った曲以上に、私もボウイの目に惹かれ続けている。左右で色が違うという不
思議な目に。

その、暗く澄んだ目で、今の日本を見たら、ボウイはどう思うだろうか?

　私もまた、現実の全てに対して絶望した者の一人だが、その絶望感の底にあるのは、無力感である。

　例えば、私たちは日々、悲惨な事故のニュースを目にしている。

　そのたび私は、「そろそろ本気で、日本中の道路を走るクルマの台数を減らしていくための方策を考えるべきではないか。仕事で使うのは仕方ないとして、せめてマイカーはもう止めようと、多くの人が考えてくれたら。あるいは、50キロ以上の速度は出ないクルマを開発するとか」、等々いろいろ考えるのだが、私が望む方向には、今後どれだけ歳月が経とうと、向かいそうにない。

　「(前略)マイカーがなくなれば、自動車産業はペシャンコ。経済の仕組みがまったく変わってしまう」(ひろさちや著『ひろさちや仏教名作選❷地獄と娑婆のお地蔵さん』・佼成出版社より、33ページ)

　「現代の社会は、どうしても走る兇器(高柳注、原文では「兇器」に「きょうき」とルビが振られている)を生産せねばならないのである。享楽の文化を宣伝せねばならない。そうしないと、企業そのものが潰(高柳注、原文では「つぶ」とルビが振られている)れてしまう」(同上書より、49ページ)

　交通事故でどれだけ死傷者が出ようと自動車を作り続けなければならない社会。こんな社会に生きるほかない私たちを、ひろさちや氏は「犠牲者」と呼ぶ。

　(私はひろさちや氏の愛読者だが、2022年4月7日、85歳で亡くなられた。ご冥福をお祈りしたい)

　ジョン・レノンにも、「犠牲者」という単語が出て来る曲がある。アルバム『ジョンの魂』のA面5曲目「孤独」で彼は「君は狂気の犠牲者」という意味のことを歌っているのだが(「狂気の犠牲者」は、原詞では「a victim of the insane」となっている)、現代社会に生きる私たちは、誰もが狂気の犠牲者なのだろう。

（この「狂気」に真っ正面から挑んだのが、ピンク・フロイドだった）

そして、この狂気は現在、子どもたちの世界をも覆い尽くしているのである。

2022年の12月にNHKで『ひきこもり先生シーズン2』（前編は17日、後編は24日に放送された）というドラマが放送されたが、このドラマでは、ひきこもり、ヤングケアラー、ヤングホームレス等、現代日本が抱える諸問題が、真っ向から捉えられていた。

舞台は中学校で、元ひきこもりの50歳男性、上嶋陽平（演じるは、佐藤二朗氏）が、子どもたちと関わって行く中で、いろんな問題に気付き、問題解決に立ち向かって行くというのが基本ストーリーなのだが、佐藤氏の、あるいは子どもたちの熱演に、どうしても目頭が熱くなってしまうドラマだった。

再びひろさちや氏の著作に戻ってみたい。

「この世は地獄だ」「わたしたちにできることは、なにもない」「この娑婆が地獄であるかぎり、われわれにはどうすることもできない」「わたしたちがなすべき唯一のことは、絶望することである」（同上書より、191ページ）

ドラマの中で、ヤングケアラーである男子生徒は、「助けを求めてもいい」という陽平の声に、こう叫び返す。「助けを求めても、助けてくれる人なんて、どこにもいない」（曖昧な記憶で書いているので、ドラマ通りではないことをお許し願いたい）と。

あまりに酷い現実の中で、私たちにできるのは、絶望だけ。確かにそうだろう。ボウイがアルバム『ロウ』で示したのも、そのような、現実に対する絶望感ではなかったか。

しかし、ドラマの中で子どもたちは、そんな絶望感を払拭するために、ある決意をする。

それは、コロナ禍等の理由で中止させられた修学旅行を、自分たちの手で実施しようとすることだった。

　どうにもならない現実の中で、たとえどんな僅かでも希望を見い出すこと。

　子どもたちは、遠くへ旅行するのではなく、近場で、自分たちの手作りで、自分たちだけの修学旅行を決行する。

　その場で、陽平は子どもたちに対し、集まった大人たちに対し、「今、誰もが我慢を強いられている」ことを説く。

　学校で、会社で、家庭で、あるいは地域社会で、私たちはずっと我慢を強いられて来た。自分の願望を抑え我慢することが唯一、この社会を正常に動かして行くための方法なのだと、何者かに言い聞かされて。

　この意味で、私たちは、ボウイが歌う通り「We Are the Dead」（アルバム『ダイアモンドの犬』より「死者の世界」）なのである。

　私たちの中にはおそらく、我慢を強制させられていたことへの深い悲しみが溜まっていることだろう。

　そんな現実の中で、子どもたちは「自分たちだけの修学旅行」を実施することで、一時（いっとき）だけでも脱却しようと試みたのだ。

　この、「自分たちだけの修学旅行」という考え方が、なぜか今の私には、ボウイの曲 "ヒーローズ" と重なるのだ。

　「""」を付けることで、本物のヒーローではなく、仮初めのヒーローというコンセプトを提示したボウイ。

　彼は「たった一日だけでもヒーローに」という想いに希望を見い出そうとしたのではなかったか。

いや、そもそも、ヒーローとは集団から突出した人物のことであり、「私たち皆がヒーロー」ということは、本来なら有り得ない。

「皆がヒーロー」とは、もしかしたら、ヒーローを必要としない世界を想定していたのでは?

ボウイの真意は今となっては分かりようもないが、私は、「どうしたら人は、"狂気の犠牲者"として生き、死んで行くという現実から脱却できるのか」を、今後とも考え続けたいと思う。

追記

アニメ作品『海のトリトン』の主題歌、「GO!GO!トリトン」（作詞：林春生作曲：鈴木宏昌歌：ヒデ夕樹・杉並児童合唱団高柳注、ヒデ夕樹氏の名前は、いろんな表記があることをお断りしておく）の中には、「海の彼方から、不思議な歌が聴こえる」（著作権を考え、原詞のままの表記にはしていない）という意味のラインがある。

私にとっては、ボウイやビートルズ、キング・クリムゾン、ポルナレフらの曲こそ、「海の彼方から聴こえて来た不思議の歌」だった。

少年とは、子どもとは、今まで誰も見ることのなかった未来の国を探し求めるべき存在であり、水平線の終わりには虹の橋があることを願う、尊き存在だと歌ったこの曲は、ボウイの「ユー・プリティ・シングス」と同じである。

そして、子どもたちの胸にはいつも希望の星が輝いていると、私は信じ続けている。

この稿、未完（2023年1月9日）

極私的ボウイ論 ⑤

「クリスチーネとボウイ」

ボウイは「スペイス・オディティ」という曲で、自らが無力であることを表明した。

宇宙船から切り離され、宇宙空間を漂うこととなったトム少佐は、青い惑星・地球を見つめ、こう言う—「私にできることは、何もない」。

この無力感はそのまま、今の私たち自身の無力感とも通底する。

また、ジョン・レノンの「鋼のように、ガラスの如く」（アルバム『心の壁、愛の橋』収録曲）には、「生まれてこなければ良かった」という一節がある。

「君は、いっそのこと生まれて来ない方がよかったと思いたいのだ」というような意味が歌われているのだが、そう思いたいのは、私にはジョン本人だとしか思えない。

このアルバムも、『ジョンの魂』と同じく、ジョンの悲しみに聴き手が打ちひしがれそうになる曲が多いのだが、『ジョンの魂』よりはポップよりで、聴き易い曲が多い。

ロックとは何だったのか。いろんな考え方が可能だろうが、今の私はこう言いたい。

「ロックとは、己の無力さを自覚することだ」と。

「無力の自覚」、私はかつてこの言葉が、映画『クリスチーネ・F』（原題『Christiane F.』。監督はウーリッヒ・エーデルで、ウルリッヒ・エーデルと表記されることもある。他の監督作品として『ブルックリン最終出口』『BODY／ボディ』

など）を鑑賞し終わったときに、ふと脳裏を掠めたことを思い出す。

　調べてみると、この映画は、日本では1982年に公開されたらしいのだが、私は映画館では観ていない。観たのはおそらく、レンタル・ビデオでだったように思う。

　あまりに救いの無い結末で、私はその後観直したことは一度も無いのだが、ドラッグ中毒（麻薬）に苦しむ10代の少女を描いた実話を基にした物語だと書けば、私が観直したくない気持ちは分かってもらえるだろう。

　1981年制作の西ドイツ映画で、原作は同じ年に『かなしみのクリスチアーネ　ある非行少女の告白』（クリスチアーネ・ヴェラ・フェリシェリノヴ著　小林さとる訳　原書のタイトルをそのまま訳せば『われらツォー駅の子どもたち』となる。ツォー駅とは、知らべてみると、旧西ベルリンのメイン駅だったらしい）という邦題で読売新聞社から発売されたが、私は未だ所有していない。

　クリスチーネがボウイのファンという設定で、ボウイは、ボウイ本人としてこの映画に登場する。この意味で、他のボウイ出演作とは、一線を画しているように思う。

　ボウイは、映画の中のコンサート会場で「ステイション・トゥ・ステイション」を歌唱するが（「熱唱」と呼ぶに相応しい歌い方なのだが、「熱唱」という言葉はどう考えてもボウイには似合わないので、「歌唱」としておく）。

　「ジェームス・ディーンを彷彿させるようなブルー・ジーンズとハリントンの赤いジャンパーをまとい、だがディーンの遥か上をいくルックスのボウイが暗がりから歩み出て来る（後略）」（マーク・アダムス　翻訳：宮治ひろみ　『クリスチーネ・F／オリジナル・サウンドトラック』CD版のライナーより。ハリントンジャケットは、1960年代のイギリスで、モッズとスキンヘッドの間で流行ったらしい。「遥か上をいくルックス」という表現には、ディーンのファンの中には、怒り出す人もいるかもしれない）

この解説の通り、暗がりから歩み出て来るボウイには、心底、ドキッとした。その妖しさ、危うさ、艶やかさは、他の何人も模倣し得ないだろう。

このサントラには、以下の楽曲が収録されている。例によって、日本盤LPの収録曲を書いておこう。

A面
1「V-2シュナイダー」
2「TVC15（ワン・ファイブ)」
3「ヒーローズ/ヘルデン」（「ヘルデン」は、ドイツ語で「ヒーローズ」の意味)
4「ボーイズ・キープ・スウィンギング」
5「疑惑」

B面
1「ステイション・トゥ・ステイション」（ライヴ・アルバム『ステージ』より)
2「怒りをこめて振り返れ」
3「ステイ」
4「ワルシャワの幻想」

『ステイション・トゥ・ステイション』から『ロジャー』期のボウイの、ベスト盤のような趣もあるサントラに仕上がっている。

CD版には、全24ページのブックレットが付いていて、映画のシーンが何枚か、あと、ボウイのライヴ・シーンの写真も掲載されている。

このブックレットからは、映画の陰惨さは微塵も感じられない。寧ろ、煌びやかで極めて魅力的な写真ばかりで構成されている。

映画のあと、クリスチーネはどうなるのか。私にはそれが、今も気懸りでならない。

なんにせよ、クリスチーネにとって、ボウイの存在が一つの救いだったことは確かだろう。

　息が詰まるばかりの毎日で、困難ばかりが立ちはだかる毎日で、一時（いっとき）だけでも、そんな現実を忘れさせてくれる存在。

　ボウイとクリスチーネの姿がどうしても重なってしまう。ボウイ自身にとってもベルリン時代は、ドラッグ禍にあった自分を立て直す意味もあったのだから。

　当時の日本においても、ドラッグとまではいかないにせよ、閉塞感・孤立感を抱き、「世の中は嫌なことばかりだ。この世には、悲しみしかない」、そんなふうにしか思えない子どもたちはいたはずだ。

　ボウイとは、ロックとは、そのような子どもたちを救って来たのである。親にも先生にもできないことを、一人のロック・ミュージシャンはやり遂げたのだ。

　そして、21世紀の今日。

　今日においても、悲しみの中に生きている子どもたちがいるだろう。本書が、そのような子どもたちにも届くことを、切に願う。

　改めて言いたい。

　「ロックとは、己（おのれ）の無力さを自覚することだ。無力だからこそ、お互いの手を差し伸べ合いたいと願うことだ」と。

追記

　ベルリンの壁を題材に、ボウイは「ヒーローズ」という曲を創作したが、1989年11月に、ベルリンの壁は崩壊した。

　ボウイが亡くなったのは2016年1月10日のことだが、その時、ドイツ外務省は

ツイッターで「壁の崩壊に力を貸してくれたことに感謝する」と弔辞を送ったという。

あとがき

（私がふだん雑誌等に投稿するときは、基本的に「です」「ます」調ですので、「あとがき」ではいつもの文体に戻すこととします）

書き始めてから数年（5年間）かかって、ようやくここまで辿り着きました。

岩谷さんがボウイについて書かれたものを、できるだけ残さず書き残しておきたいという想いから書き始めた本書ですが、すべてを網羅できたかどうかは、今も分かりません。

ここに載せているのは、あくまでも私が集めた雑誌・書籍等だけですので、もし、「○○という雑誌（書籍）が抜けている」というようなことに気が付かれましたら、ぜひご教示いただけると有難いです。

ロックに限らず、「送り手から受け手へ、一方的に届けられる表現」というものに絶望してしまった岩谷宏さんは、『レッツ・ダンス』以降、ボウイについて書くことは無くなりました（私が読んでいないだけで、どこかで発表されているかもしれませんが）。

岩谷さんはなぜ、「商品として届けられる表現」に絶望したのかは、例えば次の文章を読んでみてください。

《彼が"不正"と感じたことは、一人が一方的な供給者であり続け、彼を除く他が一方的なバイヤー（買い手）であり続ける、という関係である》（シンコーミュージック『ジョン・レノン』詩集・「訳者あとがき」より、259ページ。「彼」とは、ジョン・レノンのこと。1986年刊）

《音楽とは所詮、商品の生産者と消費者という関係構造の、永遠の持続にすぎない、ということです》(翔泳社『パソコンを思想する』所収「マイカーは自分で運転するもの パソコンは自分でプログラミングするもの」より、37ページ。1990年)

しかし、私自身は今も、ボウイから離れることなく、彼の音楽を日常的に聴き続けています。また、「一方的に送られて来るもの」である、本や雑誌、映画等の消費者である立場を、未だ続けています。

今なお一方的な受け手に過ぎない自分という存在は、虚しくも儚い、そんな想いをずっと抱えながら、私は生き続けているという訳です。

そんな状況から少しでも脱却したい、という願いが私には以前からあり、それが、本書を書く動機の一つになっています。

今回、改めて岩谷さんの文章を読み返してみて、岩谷さんの文章が、如何に私の血や肉になっているのか、今更ながら痛感しました。

ボウイは亡くなり、『RO』誌は、かつてのような思想誌では無くなりと、状況は刻々と変化しています。

変わらないのは、私が岩谷さんの「共に生きること（共生）への願い」(『RO』1977年4月号) という文章を読んで、「これから、変わることなく、ずっとボウイを追い続けたい、聴き続けたい」と決心したことです。

《ロウは、待つのである》(「共に生きること（共生）への願い」『RO』1977年4月号より、49ページ)

私はもう、十分待ちました。だから、これ以上待ってはいられません。言葉を発していかなければ。行動していかなければ。

これは私の、決意表明です。

本書を締めくくるにあたって、本書を手に取ってくださったあなたに、心から
のお礼を申し上げたいと思います（書店に長年勤めて来た私は、本をご購入いた
だくことの有難さが、骨身に沁みています。本をお買い上げいただくお客様がい
なければ、どんな本も、世に送り出すことはできません）。

　本の「あとがき」には、ほとんどの場合、著者の関係者に対するお礼の言葉が
最後に付け加えられています。

　そのことに、私は昔からいつも疑問を感じていました。仲間内の人間には、直
接お礼を言えば良い。著者が「あとがき」でお礼を述べるべき人は、その本を身
銭を切って買ってくれた方以外にないと、私は思っています。

2022年夏

付記

　1、本書に載せた岩谷さんの文章に関する解釈は、あくまでも私個人の考えで
あるに過ぎません。岩谷さんのお考えを曲解してしまっている箇所があったとし
たら、申し訳なく思っています。

　また、本書は、岩谷さんご本人とは一切関りがありません。私は、岩谷さんと
は、数回メールをやり取りしただけの関係です。「まえがき」にも書いておきま
したが、念のため、再度記しておきます。

　70年代、岩谷さんは一貫して貨幣制度批判、学校制度批判、マス・メディア
の一方向性に対する批判をされ続けていましたが、こうやって一冊にまとめると、
同じ考えが何度も登場し、煩わしく思われることがあるかもしれません。その場
合は、元は、別々の雑誌・書籍で語られていたことと判断していただけたら幸い
です。

　岩谷さんを一言でいえば、「貨幣制度や学校制度等、今まで当たり前のように
受け止めていた事柄に対し、疑問を持つことの大切さを教えてくれた人」という
ことになります。そして、「瞬間を生き続けること」の大切さも。

　《「芸術家の仕事は、破壊することではなく、ものの価値を転換することである。
ものの価値を転換することによって、芸術家は、世界を、すべての人が完全に自
由なユートピアに変えることができる」》（ジョン・レノン　片岡義男訳『ビート
ルズ革命』・草思社より、330ページ）

　私は岩谷さんの文章に出会って以来、ものの価値を転換されっぱなしなのです。

　今後新たに、岩谷さんのボウイに関する文章を見つけたら、何らかの形で発信

したいと思っています。

2、《「本質的に学校が悪であると主張するものは、Aさんのいうとおり、ぼくぐらいしかいないでしょうね」》（なだいなだ著『教育問答』・中公新書より、28ページ）

《貨幣は、人間が発明した物の中で最大の悪です》（岩谷宏「マイカーは自分で運転するもの パソコンは自分でプログラミングするもの」・翔泳社『パソコンを思想する』より、36ページ）

「教育」も「貨幣」も、その本質は悪だとして、しかし今日も明日も学校のある社会、貨幣のある社会に生き続けるしかない私たちは、なだいなださんが、下記のようにお書きになっているような態度で、学校にも貨幣にも向き合って行くしかないでしょう。

《「学校は本質的には悪だ、と知りつつ、学校に子供を行かせるほかないでしょう。学校は、本質的に矛盾をはらんでいる場所だ、という自覚が、親にも先生にも必要である、とぼくはいいたいのです。」》（『教育問答』より、53ページ）

同様に、一方的な方向性しかないように見える今の本、雑誌、映画等々の在り方は嫌だ、とは言っても、今はまだ、その一方向性を受け入れたうえで、それらに接するしかないと思います。いつか、新たな表現の可能性が起こり得ると信じながら…

スターが存在することの不幸も、今は、受け入れて行くしかありません。

私たちは、いつも歴史の過渡期に生きており、私たちの生は常に、矛盾と葛藤と共にあります。

3、岩谷さんが対訳を手掛けられた音楽アルバムで、本書では取り上げられなかったものを、私が知る限り以下に記しておきます。ただし、同じタイトルでも、何度も出し直されているアルバムもあり、その場合は、岩谷さんの対訳が付いて

いないこともありますので、ご注意ください。

　ジャイルズ・ジャイルズ＆フリップ『チアフル・インサニティ・オブ・ジャイルズ・ジャイルズ＆フリップ』1968年作品

　イースト・オブ・エデン『世界の投影』1969年作品

　ジェネシス『創世記』1969年作品

　カーン『宇宙の船乗り』1972年作品

　ピンク・フロイド『炎〜あなたがここにいてほしい』1975年作品

　イギー・ポップ『ラスト・フォー・ライフ』1977年作品

　スージー・アンド・ザ・バンシーズ『ジョイン・ハンズ』1979年

　4、本書の内容と共鳴する出版物として、以下の書籍をご紹介しておきます。品切れ・絶版の本も多いですが、古書店等で探していただく価値は、十分あると思います。

　橋本治著『花咲く乙女たちのキンピラゴボウ』前・後篇 河出書房新社

　橋本治著『恋の花詞集』音楽之友社

　内山節著『哲学の冒険』毎日新聞出版

　岡崎勝著『不能化する教師たち』風媒社

　岡崎勝著『身体教育の神話と構造』

　小沢有作・山本哲士 共著『小さなテツガクシャたち』新曜社

水樹和佳著『灰色の御花』集英社

大島弓子『シンジラレネーション』朝日ソノラマ

遠山啓著『競争原理を超えて』太郎次郎社

片岡義男著『10セントの意識革命』晶文社

片岡義男著『ぼくはプレスリーが大好き』角川文庫

岩谷宏著『ぼくらに英語が分からない本当の理由』オンブック（『日本再鎖国論―ぼくらに英語はわからない』ロッキング・オン社 改題)

メル・レヴィーン著 岩谷宏訳『ひとりひとり心を育てる』ソフトバンククリエイティブ

芥川龍之介著『舞踏会/蜜柑』角川文庫

内山節著『貨幣の思想誌』新潮選書

ひろさちや 佐伯啓思 共著『お金ってなんだろう』鈴木出版

大林宣彦 宇井 洋 共著『大林宣彦 のこす言葉 戦争などいらない―未来を紡ぐ映画を』平凡社

5、本書では取り上げなかった岩谷さんの文章で、特に推薦しておきたいものを挙げておきます。

①「ロックの歌詞による文章入門 ぼくの独断的ロック訳詞論」（『宝島』昭和51年7月号より、164 〜 170ページ）

《(前略) 今の学校制度や受験制度などはむしろ、人と人とを離反させる〝反社

250

会的なるもの〟である。そして、もろもろの〝反社会的なるもの〟の促進にいそしんでいる今の大人たちは〝悪人〟である》（166ページ）

《……こういう時代だからこそ、「私たちが私たちの本心を込め、わかってくれる友人を切に求めて、語り、叫ぶ言葉」ってもの、つまり社会を真に社会として形成する原動力としての言葉が必要とされ、ロックがある》（168ページ）

昭和51年（1976年）ということは、今から45年以上も前に書かれた文章な訳ですが、大人たちは今も、諸々の良からぬ企み事に勤しんでいる、悪人ばかりのような気がしますね（私も含めて）。それによって、今も苦しんでいる子どもたちが、沢山いることでしょう。

（この世がいつまでも苦しいところなのは、ロクでもないことしか計画できない大人たちしかいないからでしょうか?）

私も本書に、私の本心を込め、「分かってもらいたい」という切なる願いを書き連ねたつもりですが……

②「ピンク・レディ＝子どものからだに仕掛けられた時限爆弾?」（『宝島』昭和53年8月号 46〜55ページ）

岩谷さんによる、ピンク・レディ〜歌謡曲論です。

今号の特集が「なぜか、いま歌謡曲が気になる」で、何人かの方が歌謡曲を論じられています。その中で、特に私の印象に残ったのは、中島梓さんの《大体、沢田研二は阿久悠がついてから、美しくなり、連続ヒットしたが、そのかわりのようにSFである部分、言いかえればロックである部分をきれいさっぱり失ってしまった》（「空飛ぶ円盤に歌謡曲は似合わない」より、72ページです。

ジュリーの美しさを堪能したい方にオススメなのが、2022年に刊行された、下記の写真集です。

『JULIE by TAKEJI HAYAKAWA 早川タケジによる沢田研二』スローガン発行

③「マイ・ビートルズ」（『ニューミュージック・マガジン』1970年11月号の「レターズ」124・125ページ）

　読者投稿欄に載った岩谷さんの文章です。岩谷さんは、「ストロベリー・フィールズ・フォーエバー」と「ルーシー・イン・ザ・スカイ・ウィズ・ダイアモンズ」を訳出されています。『ニューミュージック・マガジン』の読者欄には、何度か岩谷さんの投稿も載っています。

④キング・クリムゾン「アイランズ」訳詞

　『guts　ガッツ』昭和50年10月増刊号（集英社）の25ページに掲載された訳詩です。「アイランズ」は、キング・クリムゾン史上、最も美しいと思われる曲ですが、岩谷さんの訳もまた、極めて美しいです。「ロックの詩」という記事の一つですが、岩谷さんは他に、ローリング・ストーンズの「イッツ・オンリー・ロックン・ロール」、ルー・リードの「ワイルド・サイドを歩け」等も訳出されています。下記に挙げた「岩谷宏と一緒」で読めますので、ぜひご覧になってみてください。

　6、他に本書では取り上げなかった文章は、例えば岩谷けい子さんのブログ「岩谷宏と一緒」で読めますので、興味のある方は、検索してみてください。ずっと更新されないままですが、過去の記録が、今も残っています。URLは https://blog.goo.ne.jp/keikoiwatani です。

　また、日本のロック雑誌を分析した『日本ロック雑誌クロニクル』（篠原章著 太田出版）や、『ニッポンの音楽批評150年100冊』（栗原裕一郎 大谷能生著 リットーミュージック）に、『RO』誌に関する記述が載っています。前者は品切れですが、2冊とも読み応えのある内容なので、推薦しておきます。

　7、『RO』誌を離れたのち、岩谷さんは下記の雑誌等で、連載を持っていました。

『Software Design』技術評論社

『現代思想』青土社

『ポケコン・ジャーナル』工学社

『C MAGAZINE』SBクリエイティブ

『パソコンワールド』コンピューターワールドジャパン

『YOMIURI PC』読売新聞東京本社

　いつか機会があれば、これらの連載もどこかで紹介したいものですが、本書では、一つだけ引用しておきます。

《(前略) 何十億年前に発生して、進化を遂げてきた生命というものの、ほんの小さな一支流ないし支脈が「私」というシステムへと一時的に具現する。その意味、目的等は、私には分からない。つまり、「私」が何であるのか、何であったのか、ということは、私自身には分からないのです》(連載雑文「アルゴリズム快感組 第43回 システムのオーナーたち」・『ポケコン・ジャーナル』1991年7月号より、64ページ)

　…こういう文章を読むと、改めて「私」とは何だろうと、問いたくなります。「私」のことをきちんと理解できないまま、でもとにかく、私は生きて行かなければならない。

　樹村みのりさんが「翼のない鳥」(朝日ソノラマ サンコミックス『雨』所収)に書いたように、自分のいのちは、偶然のあずかりものなのです。

　近しい人で、若くして、あるいは幼くして亡くなった人が私にもいますが、その人たちの無念を思うと、今の日々を無駄に生きる訳にはいきません。

分からないまま、それでもなお前に進んで行きたいですね。

7、本書の副題にある「ボウイ論」という言葉ですが、岩谷さんはボウイを論じた文章を書いていた訳ではなく、あくまでもボウイのパフォーマンスに触れて、己の内に湧き出でた想いを言葉にしていただけのはずなので、「論」という言い方は、相応しく無いように思えます。ですが、ボウイや岩谷さんを知らない方には、「ボウイ論」という、一般的な表現にした方が分かり易いだろうと判断し、「岩谷宏のボウイ論を読む」としました。

岩谷けい子さんのブログに書いてあったと記憶していますが、岩谷さんは、未来にしか興味が無く、過去に自分が書いた文章は振り返ることはしないそうです。

そんな岩谷さんにとって私のような存在は、もしかしたら迷惑極まりない存在なのかもしれませんが、こうやって本にまとめておかなければ、私という人間が、岩谷さんの文章に限りない影響を受けた事実は、歴史の片隅に追いやられ、「無かったこと」にされてしまいます。

それだけは、どうにも我慢できません。

私という人間が、いること、存在していること。この世に生を受け、毎日、もがき苦しみながらも、必死で生きて来たこと、これからも生きて行くこと。そして私は、岩谷さんの文章に、多大なるシンパシーを感じ、発想の転換を迫られ続けたこと。

（ただし、私は岩谷さんの信者ではありません。岩谷さんのお書きになったこと、すべてが正しいと無条件に受け止めているのでは決してないことだけは、はっきり書いておきます。どの本に対しても、どの著者に対しても私は、「肯定すべき考えは肯定し、批判すべきことは批判して行く」という態度を貫いているつもりです）

それらすべてを書き残しておきたいという想いが、私に本書を書かせました。決して大袈裟ではなく、命を懸けて書いたつもりです。

本書が、あなたと私とを結びつける、架け橋になることを願います。

高柳俊彦 (たかやなぎ・としひこ) プロフィール

1961年3月12日、静岡県浜北市（現・浜松市浜北区）生まれ。

1968年9月8日『ウルトラセブン』最終回で、自分の正体を告げたダン（森次晃嗣さん）に、アンヌ（ひし美ゆり子さん）はこう言いました。

「人間であろうと、宇宙人であろうと、ダンはダンに変わりないじゃないの。たとえウルトラセブンでも」

当時『セブン』を観ていた、日本中の孤独な子どもたちは皆、この言葉に救われました。生きている限り、永遠に。私が今までドラマや映画の中で聴いたセリフの中で、最も美しい言葉です。

1974年1月 あるラジオ番組を聴いて、ミッシェル・ポルナレフと出会いました。

1976年 ビートルズ来日10周年のこの年、書店の片隅で、2冊の『ビートルズ詩集』（訳者は、岩谷宏さんと片岡義男さん）と出会いました。

1976年12月 岩谷宏さんの言葉を通じて、キング・クリムゾンと出会いました。

1977年1月 岩谷宏さんの言葉を通じて、デヴィッド・ボウイと出会いました。

80年代、浜松市にあった同人誌『超猿』にて、学校教育論を展開。

1984年10月10日 テレビで、大林宣彦監督の『時をかける少女』を観ました。その時から今日に至るまで、本作品は、私の最も愛する映画であり続けています。"精神の死"を描いた映画として、今も永遠の輝きを放っている映画です。

1992年、「角川書店 優秀セールスマン賞」を受賞。

2010年、『polnareport ポルナレポート-ミッシェル・ポルナレフ挑戦と変遷のレポート』（瀬尾雅弘著 愛育社）の制作に、協力者として参加。

2011年、「あなたの思い出の角川映画とエピソード」エッセイ・コンクールにて、大賞受賞。

2011年ごろ、様々な雑誌への投稿を開始。

主な投稿先

『週刊金曜日』株式会社 金曜日

『JaZZ JAPAN』シンコーミュージック・エンタテイメント

『レコード・コレクターズ』株式会社ミュージック・マガジン

『ミュージック・マガジン』株式会社ミュージック・マガジン

『創』創出版

『SFマガジン』早川書房

『ミステリマガジン』早川書房

そして、これからは……

デヴィッド・ボウイ
変容の思索者

2023年5月10日　初版第1刷発行

著　　者　高柳 俊彦
発 行 者　伊東 英夫
発 行 所　株式会社 愛育出版
　　　　　〒116-0014
　　　　　東京都荒川区東日暮里5-5-9 サニーハイツ102
　　　　　TEL 03-5604-9431
　　　　　FAX 03-5604-9430
印刷製本　株式会社 ジョイントワークス